마이너리티 역사 혹은 자유의 여신상

차례

Contents

아메리칸 드림의 선봉장

해마다 3,000만 명이 넘는 관광객이 몰려드는 뉴욕, 세계의 심장부라 불리는 이 도시에서도 특히 사람들이 한 번쯤은 방문하고 싶어 하는 곳이 있다. 맨해튼 남쪽 배터리 공원(Battery Park)에서 배로 20분 가량 떨어진 허드슨 강 입구에 굳게 입술을 다문 채 담대한 모습으로 우뚝 서 있는 자유의 여신상. 그것은 단순한 관광 명소나 아름다운 인공 조형물 이상의 의미를 지니고 있다.

정치적인 사대주의 때문인지 대중문화에 각인된 인식 때문인지, 미국이라는 단어는 아직도 우리에게 '자유와 평등의 나라'라는 이미지를 짙게 풍기고 있다. 1886년 미국 독립 100주년을 기념하여 세워진 여신상은 이 같은 공식을 뒷받침하며

자유의 여신상. 그림 속의 사진은 제작자: 바르솔디.

미국의 자유에 대한 의지를 기념하는 역사적 기념물로 자리잡아 왔다. 자유의 여신상은 100년이 넘는 동안 세계인의 마음속에 자유와 평등의 상징으로, '아메리칸 드림'의 선봉장으로 역할을 해왔다. 수많은 뉴스·영화·광고·사진·엽서·기념품 등 주변의 생활 속에서도 항상 친숙하게 만날 수 있는 모습이다. 또한 자유의 여신상은 미국 정부를 상징하는 남성상인 엉클 샘(Uncle Sam)과 함께 미국의 양대 상징물로 인식되고 있다.

1달러짜리 지폐를 보면 미국의 상징인 독수리가 리본을 물고 있는 그림이 있다. 리본에는 'E pluribus unum!'이라는 라틴어가 적혀 있다. '여럿에서 하나로(the one from the many)'라는 뜻이다. 이것은 여러 인종과 민족이 미국이라는 하나의 국가로 결속해야 한다는 의미이다. 즉, 다양성을 인정하는 개방적인 자세와 관대한 포용력을 통해 하나의 통합된 국가를 형성해야 한다는 것이다.

미국이 지구상에 존재하는 다른 모든 국가와 구별되는 가장 큰 특징은 그것이 혈연과 지연이 아니라 이념에 의해 창설된 최초의 국가라는 것이다. 독립선언서에 담고 있는 자유와 평등 그리고 행복 추구의 권리가 바로 미국의 건국 이념인 것이다. 미국은 또한 '이민의 나라'로서 세계 각처에서 다른 피부색과 국적, 여러 이질적인 종교와 문화를 가진 이민자들로 이루어진 나라이다.

이러한 고상한 국가적 이념과 국민적 특성에도 불구하고, 여신상이 미국의 뉴욕 항에 세워졌던 시기의 미국에는 여전히 인종적 편견과 성적인 차별이 팽배하였다. 흑인들은 과거 억압적이며 착취적인 노예제의 굴레에서 벗어나지 못하고 있었고, 세계 각처에서 '아메리칸 드림'을 찾아 몰려든 이민자들은 미국 내 토착주의 세력에 의해 탄압과 배척을 받았다. 자유와 평등을 상징하는 표상으로 여성이 동상의 모델이 되었지만, 당시 미국의 여성들은 참정권을 행사하지 못하였으며 사회·경제적으로도 불평등한 대우를 받았다. 미국의 위대함을 당당하게 웅변하는 듯한 여신상의 이면에는 이러한 모순과 이율배반의 역사가 짙게 드리워져 있다.

이 글에서는 자유의 여신상의 형상과 이미지, 제작 과정과 미국에 기증된 배경, 그리고 여신상이 나타내는 상징과 의미가 미국의 역사와 미국인의 생활 속에서 어떻게 변질되고 왜곡되었는지를 살펴보고자 한다. 우리는 이를 통해 여신상이 내포하는 신화적 의미와 불평등한 현실 사이의 모순과 괴리감을 볼 수 있을 것이다. 이것이 바로 여신상의 이미지와 신화 뒤에 감춰진 미국의 실상인 것이다.

자유의 여신상, 그 형상과 이미지

 여신상의 규모는 경이, 그 자체이다. 좌대 밑바닥에서 횃불까지 전체 길이가 93.5m(여신상 전신의 길이 46m와 받침대의 높이 47.5m), 무게 225t에 이르는 거대한 동상은 건립 당시만 해도 세계에서 가장 높은 기념 조형물이었다. 지금도 많은 관광객들이 여신상 전체의 모습을 사진에 담기 위하여 바닥에 드러 눕는 광경을 흔히 볼 수 있다.

 각 신체 부위의 크기 또한 기록적이다. 횃불을 들고 있는 오른팔은 12.8m, 턱에서부터 왕관에 이르는 머리 부분은 8.5m에 이른다. 손의 길이는 5.03m로 성인 5-6명을 올려놓을 수 있는 크기이다. 왼손에는 미국의 독립기념일인 '1776년 7월 4일'이 새겨진 명판을 들고 있는데, 명판의 두께는 0.61m, 길이는 7.01m이다. 입술의 넓이가 0.91m, 집게손가락이 2.44m, 코의 길이가 1.37m에 이르는 엄청난 조형물이다. 31t의 구리와 125t의 강철이 사용된 여신상 제작비로 40만 달러가 사용되었으며, 여신상이 올려진 받침대 건축비로 27만 달러가 들었다. 이것은 당시로는 천문학적인 액수였다.

여신상의 외형상 모습은 여러 이미지를 전하고 있다. 46m에 이르는 여신상은 규모의 크기뿐만 아니라 강인한 인상과 풍만한 몸매, 그리고 부드러운 곡선을 자랑한다. 바로 신생 독립국 미국의 광활함과 활기 그리고 번영을 상징하는 것이다. 오른손에 높이 들려진 횃불은 어둠을 밝히는 광명, 절망에서 벗어난 희망의 외침, 버림받은 영혼을 환영하는 빛을 의미한다. 여신상의 왼손에는 미국이 영국으로부터 독립을 쟁취하였던 '1776년 7월 4일'이 적힌 명판이 들려 있다. 이것은 독립선

파리 공원에 전시된 여신상의 머리.

횃불을 들고 있는 여신상의 손.

언서에서 명시한 "모든 인간은 평등하게 창조되었으며, 창조주로부터 양도할 수 없는 생명, 자유 그리고 행복 추구의 권리를 부여받았다"는 이념을 상징적으로 표현한 것이다.

여신상은 발목에 묶인 쇠사슬을 풀어 헤친 형상을 하고 있다. 이것은 억압과 구속으로부터의 해방을 상징한다. 왕관 주변에서 하늘로 향하여 펼쳐진 7개의 스파이크(첨단)는 7개의 대륙과 바다를 형상화한 것이다. 이것은 또한 자유의 빛이 전 세계를 향해 널리 퍼져나감을 의미한다. 여신상은 길게 늘어져 펄럭이는 가운을 걸치고 있는데, 이것은 고대 신화에 나오는 여신의 복장으로 위엄과 권위를 상징한다. 당당하고 웅장한 여신상의 모습, 그것은 바로 미국의 권위와 번영 그리고 정의의 상징적 마스코트가 되고 있다.

조각가 바르솔디(Frederic A. Bartholdi)는 여신상의 형상과 이미지를 어디에서 착상한 것일까? 당시 프랑스의 조각가들은 그리스·로마의 신화에 나오는 여러 신상을 즐겨 조각하였다. 이것은 19세기 신고전주의의 예술적 조류였다. 들라크루아(Eugene Delacroix)의 걸작 「민중을 이끄는 자유의 여신」에 등장하는 젖가슴을 드러내고 프랑스 혁명의 상징인 삼색기를 흔들며 자유를 위한 투쟁을 선도하는 여인이 그 중 하나이다. 프랑스 국회 앞에 세워진 아테나(Athena) 여신상도 이런 부류의 작품이다. 지금도 파리의 뤽상부르 공원이나 센 강변에 자유의 여신상과 유사한 형태의 동상들이 눈에 보인다.

정의의 여신, 승리의 여신, 지혜의 여신으로 불리는 아테나는 머리에 쐐기꼴관을 쓰고 한 손에는 창, 다른 손에는 방패를 들고 있는 것으로 그려지거나 새겨지는 것이 보통이다. 반면 자유의 여신상은 머리에 7개의 첨단이 달린 왕관을 쓰고 오른손에는 횃불, 왼손에는 독립선언서를 들고 있다. 그 형태는 다르지만, 전체적인 구도에서 두 여신상 간의 상호 유사성을 쉽게 발견할 수 있다. 단지 전쟁과 힘의 무기인 창과 방패, 그리고 평화와 이성의 상징인 횃불과 독립선언서에서 각각 다른 이미지의 차이를 느낄 뿐이다. 프랑스의 여신상이 대부분 그렇듯이 자유의 여신상 역시 풍만한 몸매와 부드러운 곡선을 자랑한다.

바르솔디의 예술적 시각에 커다란 영향을 미친 것은 이집트로의 여행이었다. 엄청난 크기와 신비한 권위를 상징하는 피라미드와 스핑크스는 젊고 열정적인 바르솔디에게 강한 인상을 심어 주었다. 그는 "웅장하면서도 성스러운 친밀감을 느끼게 하는 이집트 건축물들은 현재를 초월하여 무한대의 미래에 고정된 것 같았다"고 술회하였다. 이런 경험이 바르솔디의 조각품이 단순한 크기를 뛰어넘어 웅장한 규모로 바뀌게 되는 계기가 되었다.[1] 거대하지만 성스러운 느낌을 갖게 하는 자유의 여신상의 모습은 이런 바르솔디의 예술적인 스타일 변화의 결과라 할 수 있다.

희망의 섬, 눈물의 섬

여신상을 뒤로 하고 미끄러져 가는 배 위에서 보면 붉은색의 고풍스런 건물이 눈에 들어온다. 이것이 과거 연방 정부의 이민국이 있었던 엘리스 섬의 이민사 박물관이다. 이곳은 이민자들에게 정서적으로 특별한 의미를 띠고 있다. 이민국이 설치된 1892년부터 1954년 폐쇄될 때까지 약 60여 년 동안 1,700만 명에 이르는 이민자들이 엘리스 섬을 통과하여 서류검사나 신체검사 등의 이민수속을 밟고 뉴욕으로 쏟아져 들어왔다. 현재 미국인들의 40%에 이르는 사람들의 조상이 이곳을 통해 미국에 첫발을 내딛었던 것이다. 지금도 많은 미국인들이 그들 조상들의 발자취를 찾아 이곳에서 과거의 향수를 느끼곤 한다.

우아한 자태를 자랑하는 지금의 이민사 박물관은 이민국이 폐쇄된 후 30여 년이 지난 1990년 9월 10일 새로이 문을 열었다. 이민사 박물관은 5분 거리의 자유의 여신상과 함께 일년 내내 많은 인파로 붐비는 유명 관광지가 되었다. 3층 규모의 박물관에는 당시 이민자들의 모습과 기록, 수집품 등이 잘 전시되어 있으며, 이민 비율과 이민 통계자료도 보기 쉽게 전시해 놓았다.

이곳에서는 당시 이민국의 모습을 그대로 재현해 이민자들이 입국수속을 밟았던 과정을 음향과 함께 생생하게 감상할 수 있다. 이곳에는 150명 정도를 수용할 수 있는 2개의 극장이 있는데, 「희망의 섬, 눈물의 섬」이라는 기록 영화가 수시로 상영되어 옛 향취를 흠뻑 느끼게 한다. 또한 자유의 여신상이 어떻게 구상되고 제작되었는지를 설명하는 다양한 자료도 전시되어 있다.

여신상은 한때 미국 등대 관리국에 소속되어 실제로 등대로 사용되기도 하였다. 횃불을 유리로 감싸 불빛이 멀리 24마일 해상 밖에서도 비춰도록 하였고, 이를 관리하기 위해 상주 직원이 파견되기도 하였다. 여신상은 1904년에 유네스코에 의해 세계 문화유산으로 지정되었다. 1916년에는 횃불에 유리를 달아 투광 조명등으로 만드는 작업을 하였다. 그리고 1924년 미국 정부는 자유의 여신상과 리버티 섬 그리고 연방 이민국이 있는 엘리스 섬을 국가 기념물로 지정하였다.

레이건 대통령 시절인 1983~1986년에는 동상 100주년 기념행사를 위해 프랑스와 미국의 기술자들이 공동으로 참여한 4년에 걸친 대대적인 복구공사가 이루어졌다. 원래 여신상의 외피는 2.5mm두께의 구리로, 이를 받치고 있는 내부 골격은 강철로 만들어졌다. 그런데 철은 구리보다 반응을 쉽게 일으키기 때문에 비가 오는 날에는 두 금속이 화학 작용을 일으켜 철이 점차 부식되었던 것이다. 따라서 부식을 방지하기 위해 내부 철근 골격이 스테인리스 스틸로 대체되었다. 느슨해지거나 빠진 리벳(대갈못)이 교체되고, 비바람에 녹슬고 더럽혀진 외벽은 말끔히 손질되었다. 유리와 청동으로 만들어진 횃불은 금박을 새로 입혀 부식을 방지하였다.

내부에는 미국에서 가장 큰 초고속 수력 엘리베이터를 설치하여 좌대의 끝부분까지 올라갈 수 있게 하였다. 엘리베이터를 타기 위하여 관람객들은 보통 3시간 이상은 기다려야 한다. 여기서 다시 여신상의 왕관 부분에 이르기 위해서는 354

개의 나선형 계단(22층에 해당함)을 올라야 한다. 그러고서야 관광객들은 왕관 주변에 설치된 25개의 유리 전망대를 통해 대서양의 짙푸른 바다와 뉴욕 빌딩 숲의 아름다운 경관을 한눈에 볼 수 있다.

존경과 우정의 증표

자유의 여신상이 처음으로 구상된 것은 여신상이 세워지기 21년 전인 1865년이었다. 그것은 당시 프랑스의 역사가이며 정치인으로 명성이 높았던 라부라이에(Edouard de Laboulaye)가 파리 근교의 그의 자택에서 동료 지식인들을 초청하여 주최한 저녁 만찬에서였다. 만찬에 초청된 인사들은 조각가 바르솔디를 포함하여 모두 진보적인 정치 이념을 지닌 사람들이었다. 이들은 미국이 영국으로부터 독립을 쟁취하고, 미합중국 헌법을 제정하여 이상적인 민주 공화제를 실시하고 있으며, 노예제도를 폐지하여 자유의 의지를 실천하고 있는 데 대하여 매우 고무되어 있었다.

이 자리에서 라부라이에는 미국 독립 100주년을 기념하여 미국에 선물을 보낼 것을 참석자들에게 제안하였다. 미국이 영국과 독립전쟁을 할 때 프랑스는 자금과 무기를 원조하였고, 프랑스 군인들은 직접 전쟁에 참가하여 조지 워싱턴이 이끄는 독립군이 결정적으로 승리를 하는 데 기여하였다. 또한 파리는 전쟁이 끝난 후 영국과 미국, 두 나라가 평화 협정을 체결한 장소이기도 했다. 만약 프랑스의 적극적인 지원이 없었다면, 미국은 영국으로부터의 자유와 해방을 성취하기 힘들었을 것이다. 라부라이에는 독립전쟁 당시 형성된 미·프 두 혈맹국 간의 존경과 우정의 증표로 미국에 선물을 기증하려 했던 것이다.

모임에 참석한 인사들은 라부라이에의 제안에 적극 찬성하여, 세계에서 유일하게 시민적 자유가 보장된 미국 국민들에게 경의를 표하는 선물을 보낼 것을 결정하였다. 그러나 당시 프랑스는 나폴레옹 3세가 민주 공화정을 무너뜨리고 독재정치를 실시하던 때였다. 나폴레옹 3세가 진보적인 지식인들의 주도로 시민의 자유를 상징하는 선물을 미국에 기증하려는 계획을 달가워할 리는 없었다. 따라서 이 계획은 실행에 옮겨지지 못하고, 일단 적절한 시기가 올 때까지 비밀에 부쳐지게 되었다.

1871년 나폴레옹 3세가 물러가고 제3공화정이 세워지자, 일시적으로 중단된 동상건립 계획이 다시 재개되었다. 라부라이에는 미국 독립혁명의 이념과 일맥상통한 자유·평등·박애의 프랑스 혁명의 정신을 구현할 수 있는 동상을 만들기로 하였다. 그는 이를 위해 프랑스-아메리칸 협회(Franco-American Union)를 조직하고 동상 건립을 위한 후원과 모금 활동을 전개하였다. 모금에 가장 효과적이었던 것은 복권의 발행이었으며, 이를 통해 40만 불의 기금이 일시에 조성되었다.[2]

라부라이에는 동상의 설계와 제작자로 바르솔디를 선정하였다. 바르솔디는 처음에 화가로 입문하였지만, 그가 진정한 영혼과 감각을 지닌 예술가로서 명성을 얻게 된 것은 조각가로서 활동하고부터였다. 1870년 보불전쟁(프러시아와 프랑스의 전쟁)이 시작되자 바르솔디는 프랑스군 소령으로 입대하여 그의 고향인 콜마(Colmar)에서 근무하였다. 당시 독일은 프랑스 소유였던 알사스 지역을 합병하고 이곳에 살고 있던 프랑스인들을 독일의 통치하에 두었다. 이런 상황은 바르솔디로 하여금 자유와 인권의 존귀함을 새삼 깨닫게 만들었다.

라부라이에로부터 동상 제작을 위임받은 바르솔디는 이것을 자신이 느끼고 경험하였던 자유를 표상화할 좋은 기회로 생각하였다. 전부터 역사적으로 길이 남을 만한 건축물을 만들기를 갈망하였던 바르솔디는 여신상 제작을 일생의 최대 과업으로 생각하고 모든 열정과 정성을 다하였다. 바르솔디는 동상 제작을 통해 "나는 미국의 자유와 공화주의 정신을 찬양할 것이며, 언젠가 프랑스 땅에서도 이러한 정신이 가득 퍼져나갈 것을 기대한다"고 언급하였다.[3]

예술적 영감과 여신상의 위용

바르솔디는 라부라이에의 권유로 1871년 6월 미국을 직접 방문하였다. 이것은 동상 제작에 대한 영감을 얻고, 동상 건축에 대한 미국의 이해와 협조를 구하기 위한 것이었다. 바르솔디는 배가 뉴욕 항에 도착하기 전에 뉴욕 항 입구가 여신상이 들어설 이상적인 장소라는 것을 직감적으로 알았다. 뉴욕은 신세계의 관문이고, 가장 빠르게 번영하는 도시이며, 또한 수많은 이민자들이나 관광객들로 항시 붐비는 장소이기 때문이었다. 그리고 그는 배 안에서 여신상 모형의 초안을 스케치하기도 하였다.

미국 도착 후 바르솔디는 미국의 경제적 번영과 미래에 대한 비전을 직접 목격할 수 있었다. 그는 미국 영토의 광활함, 로키 산맥의 거대한 풍광, 태평양 해안의 거대한 삼나무 그리고 뉴욕의 고층 빌딩 등을 놀라움으로 바라보았다. 바르솔디는 귀국한 후 "미국에서 모든 것은 거대하였다.……그곳에서는 완두콩조차도 보통 품종과는 크기가 달라 보였다"고 기록하였다.[4] 바르솔디가 여신상을 거대한 크기로 조각하게 된 까닭은 물론 이것이 당시의 예술적 조류인 것도 있었으나, 그 보다 미국의 광대함을 표현하는 하나의 시도로 보는 것이 더욱 타당하다.

상냥하고 지적이며 설득력 있는 웅변가였던 바르솔디는 당시 대통령이었던 그랜트(Ulysses S. Grant)를 포함하여 많은 정치가나 언론인을 만나 동상 제작에 관해 설명하고 이를 미국에 기증하려는 데 대한 논의를 하였다. 가는 곳마다 여신상의 모형과 함께 여신상 설계 도면을 지니고 다녔다. 바르솔디는 자신과는 달리 대부분의 미국인들이 동상 건립에 대한 이해와 열정이 크지 않다는 것을 피부로 느꼈다. 미국의 정부 관계자 누구도 동상 건립에 관한 경비나 장소에 대하여 책임 있는 약속을 하려 하지 않았다. 미국인들의 미온적인 태도에 다소 실망은 하였으나, 바르솔디는 조금도 걱정하거나 위축되지 않은 모습으로 프랑스로 되돌아왔다.

프랑스로 귀국한 바르솔디의 조언을 들은 후 라부라이에는 미국 독립 100주년을 기념하여 여신상을 미국 국민에게 기증할 것을 밝히고, 베들로 섬(Bedloe's island: 1956년 리버티 섬으로 명칭이 변경됨)을 여신상이 들어설 부지로 지정해 줄 것을 미국 정부에 공식 요청하였다. 이에 미 의회는 1877년 베들로 섬을 부지로 선정하였고, 건축될 여신상을 적절히 유지·관리할 것을 약속하는 내용의 결의안을 채택하였다.[5]

바르솔디가 동상 제작에 착수한 것은 1874년 파리 교외에 있는 자신의 아틀리에에서였다. 바르솔디와 친분이 깊었던 한 미술 전문가는 훌륭한 사상가나 탁월한 영웅을 동상의 모델로 택하도록 권하였다. 사실 바르솔디는 여러 위인들을 떠올렸으나, 크게 감동받지 못하였다. 그러던 중 세계인의 가슴에 공감을 심어 줄 수 있는 모델을 찾아 여신상을 만들었는데, 이것이 강인한 모성애와 의지를 가진 자신의 어머니였다.

바르솔디는 우선 실물 크기의 나무 모형을 손으로 직접 조각하였다. 신체의 각 부분은 4피트의 블록으로 나누어 조각되었으며, 전체 블록은 300개에 이르렀다. 그리고 조각된 나무 블록 위에 두꺼운 동을 넓게 늘려 붙여 망치로 두들겨 형체를 본떠 외피를 벗겨내는 방식으로 제작하였다. 그런 다음 4개의 대형 철제 구조 위에 각각의 블록을 조립하는 과정을 통해 동상의 전체 모습을 완성할 수 있었다. 20명의 전문가들이 일주일 내내 하루 10시간이 넘는 고된 작업을 진행하였다. 제작

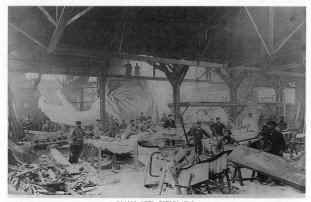
여신상 제작 현장의 모습.

기간을 단축하기 위해 야간 작업도 마다하지 않았다. 제작 경비는 당초 예정했던 25만 달러를 훨씬 넘어 당시로는 엄청난 액수인 40만 달러가 소요되었다.

　여신상은 제작에 착수한 지 10년이 지난 1884년 7월, 각고의 노력 끝에 마침내 완성을 보게 되었다. 미국의 독립기념일인 7월 4일에 맞추어 파리 주재 미국 대사관으로 운반된 여신상은 그 위용을 일반에게 처음 공개하였다. 여신상을 보기 위해 전국에서 엄청난 인파가 파리로 몰려들었다. 토지 임대 문제로 인하여 관람료를 받았지만 전시장은 발 디딜 틈이 없었다. 당시 파리 시내의 건물은 보통 4-5층에 불과하였기 때문에, 15층 높이의 거대한 동상은 그야말로 경이적으로 보일 수밖에 없었다. 전시장에서 상당히 멀리 떨어진 건물의 옥상에 올라야만 동상의 전체 윤곽을 확인할 수 있었다.[6]

모금 활동과 좌대의 건축

이듬해인 1885년 6월 동상은 350조각으로 분해되고 214개의 나무 상자에 담겨져 프랑스 군함 이젤(Isere) 호에 의해 뉴욕항으로 운반되었다. 당시 동상을 세울 좌대의 건축은 미국측이 담당하기로 하였으나, 이를 위한 모금 활동은 거의 진전이 없었다. 1883년까지 8년 동안 1,500달러밖에 모으지 못했는데, 이것은 필요 경비의 절반에도 못 미치는 것이었다. 따라서 좌대의 건축은 지지부진했고, 파리에서 운반된 동상은 영원한 안식처를 잡지 못한 채 거의 1년간 베들로 섬에 방치되었다.

이런 실정을 한탄하여 좌대의 건축을 위해 국민 여론을 환기시킨 사람은 언론인이며 헝가리 출신 이민자였던 퓰리처(Joseph Pulitzer)였다. 그는 10대 후반에 미국으로 건너와 무일푼의 노숙자에서 독자 투고 하나로 일약 신문 기자로 발탁되었다. 퓰리처는 일에 대한 열정과 노력으로 1만 부짜리 「뉴욕 월드 *New York World*」를 인수하여 1년 만에 100만 명의 독자를 확보하는 기적을 일구어 낸 전설적인 인물이었다. 당시 「뉴욕 타임스」나 「뉴욕 저널」 등이 여신상 설치에 반대하였지만, 퓰리처는 미래를 내다보고 이를 관철시켰다. 퓰리처는 자신이 발행한 「뉴욕 월드」의 사설에서 미국의 중상류층 사람들이 좌대 건립을 위한 모금에 미온적인 것을 비판하고, 기금 조성에 적극 동참할 것을 호소하였다.[7]

퓰리처는 좌대를 세우지 못해 동상이 프랑스로 다시 돌려 보내진다면 미국에 커다란 수치가 될 것이라고 말하고, 좌대의 건축을 위해 대대적인 모금 활동을 전개하였다. 그는 수많은 전시회와 공연을 개최하고, 예술가나 작가들이 기증한 작품들을 경매를 통해 매각함으로써 건축 기금을 마련하였다. 또한 세계 각처에서 이주한 12만 명에 이르는 이름 모를 이민자들이 작은 정성을 보태 모금에 참여하였으며, 퓰리처는 기부자의 이름 하나하나를 그가 발행하는 신문에 빠짐없이 게재하였다. 이로써 불과 5개월 만에 10만 달러를 모으는 성과를 거두어, 좌대의 건축에 착수할 수 있었다.[8] 퓰리처의 헌신적인 노력과 수많은 이민자들의 참여가 없었다면 좌대는 결코 완성되지 못했을 것이다.

여신상이 올려질 좌대는 미국의 건축가 헌트(Richard Morris Hunt)에 의해 설계되어, 베들로 섬에 위치한 별 모양의 우드 성벽 내부에 건립되었다. 높이 47.5m에 이르는 좌대는 구리로 건물의 골조를 만들고, 화강암을 벽돌 모양으로 쌓아 마무리하는 방식으로 건축되었다. 동상 내부의 설계는 후에 에펠탑을 건축하여 더욱 명성을 얻었던 프랑스의 토목공학기사 에펠(Alexandre Gustave Eiffel)이 담당하였다. 에펠은 동상 내부에 철근 구조물을 설치하고, 300개에 이르는 여신상 신체의 각 부분을 철근 위에 얹혀 고정시키는 공법을 사용하였다.

동상 내부의 철근 구조는 속이 빈 동상이 소금기 머금은 바닷가의 거친 비바람에도 견딜 만큼 견고하게 만들어졌다. 동상의 횃불은 바람의 저항력을 감소시키기 위하여 좌우로 약간

씩 이동가능하도록 설계되었다. 시속 50마일의 바람이 불면, 횃불은 5인치 가량 좌우로 유연하게 흔들린다. 약 4개월의 조립 과정을 거쳐 여신상은 좌대 위에 안치되었다. 마침내 1886년 10월 28일 클리블랜드(Grover Cleveland) 대통령이 참석한 가운데 역사적인 제막식이 거행되었다.

자유를 쟁취하려는 두 나라

라부라이에가 여신상을 구상하게 된 의도는 무엇이며, 왜 미국에 기증하려 하였는가? 1848년 2월 혁명으로 프랑스에서는 주권재민 사상에 근거한 민주주의 공화국(제2공화정)이 수립되었다. 그러나 곧이어 나폴레옹 3세는 제정을 성립시켜 독재정치를 실시함으로써 자유주의적 입헌민주 공화제는 실질적으로 사라지게 되었다. 프랑스 혁명의 이념이 크게 위협받는 상황이 되었던 것이다.

1871년 보불전쟁과 이어 발생한 파리코뮌(Paris Commune)으로 내란을 겪으면서, 프랑스에서는 새로운 정부의 성격과 형태를 둘러싸고 왕당파와 공화파 간에 주도권 싸움이 전개되었다. 이때 정치적 실세로 부상하기 시작한 라부라이에와 진보적 공화파들은 의회에 헌법 개정안을 제출하여, 프랑스의 정부 형태를 다시 공화제로 바꾸기 위한 정치적 변화를 시도하였다. 그리고 그 결과가 제3공화정의 탄생이었다.

하지만 제3공화정하에서도 왕당파, 즉 반동적인 보수 세력이 여전히 힘을 발휘하고 있었다. 따라서 공화파 지도자들은 그때까지 취약했던 그들의 정치적 기반을 더욱 공고히 할 필요가 있었다. 이들 공화파들은 신생 독립공화국인 미국을 자신들이 염원하는 자유와 평등사상을 가장 열정적으로 대변해 줄 수 있는 국가로 보았으며, 두 국가의 친선과 결속을 강화시킬 수 있는 상징적인 기념물을 세우기를 원하였다.

독립혁명 당시 미국의 13개 식민지가 영국으로부터 자유와 해방을 외쳤던 것과 같이, 당시 프랑스의 진보주의자들은 나폴레옹 3세의 억압적인 지배에서 벗어나 공화주의체제가 부활되기를 염원하였다. 당시 프랑스인들이 생각하였던 자유의 개념은 전제적 폭압으로부터의 해방을 의미하였고, 이것은 사상적으로 미국 독립혁명의 기본 정신과 일치하는 것이었다. 비록 역사적 시점은 다르지만, 군주의 억압적인 통치로부터 자유를 쟁취하려는 두 나라의 일체감이 자유의 여신상의 제작으로 나타나게 되었던 것이다.[9]

동상 건축을 위한 모금 행사의 일환으로 1876년 4월 파리에서 개최된 오페라 공연에서 라부라이에는 "자유의 여신상은 우리에게 진리와 정의, 계몽과 법을 통해서만이 자유가 존재한다는 것을 보여 주고 있으며, 이것이 바로 우리가 갈망하는 진정한 자유"라고 언급하였다.[10] 이것은 여신상이 바로 자유를 향한 프랑스인들의 열망을 담고 있음을 나타낸 것이었다.

제작자 바르솔디는 동상의 이름을 '세계를 밝히는 자유(Liberty Enlightening the World)'라 불렀다. 이것은 아직도 억압적인 군주체제와 싸우고 있는 유럽 국가들을 '계몽의 길'로 인도하는 의미를 갖는 것이었다. 이런 목적에서 여신상은 대서양 건너편 유럽 국가, 특히 프랑스를 정면으로 향하도록 설치되었다. 이를 통해 여신상의 상징적 의미인 자유와 평등, 그리고 공화주의 정신을 다른 유럽 국가들에게도 널리 전파하려는 것이었다.

의혹과 환영

프랑스에서의 열광적인 분위기와는 달리 미국인들의 반응은 냉담하였다. 어느 익명의 미국인은 「뉴욕 타임스」에 실린 기사에서 "그들 국가의 통치자에게 인정받지 못하고 국민들에게 공개적으로 환영받지 못하는 동상을 미국에 건네주면서 우리에게 감사를 구걸하는 행위는 우스운 일이다"라고 언급하였다.11) 실용주의적인 미국인들은 거대한 여신상을 미국에 기증하려는 프랑스의 의도를 이해하지 못하였다. 어떤 사람들은 제작자의 정신 상태를 의심하기도 하였으며, 어떤 사람은 이교도의 우상이라고 비난하기도 하였다.

프랑스가 여신상을 미국에 기증하기로 한 것에 대하여 미국인들이 탐탁치 않게 생각하였다는 것은 미 의회가 여신상의 기증을 승인하는 데 상당한 시간이 걸린 것이나, 좌대의 건립을 위한 초기 모금 활동이 부진했던 것 등에서도 잘 나타나 있다. 미국의 성직자들은 프랑스인들의 이교도적인 가치관과 동상이 가져올 맹목적 우상 숭배를 염려하였다.

특히 흑인들로부터 동등한 권리와 평등을 줄기차게 요구받았던 남부의 백인 기독교인들의 반대가 가장 심하였다.[12] 이것은 여신상이 비기독교적 우상 숭배이며, 남부의 백인들이 싸워 지키려 하였던 노예주의에 대립되기 때문이었다. 발목의 쇠사슬을 풀어 헤치며 억압으로부터의 해방을 상징하는 여신상의 모습이 흑인들의 계급 투쟁을 고취시킬 수 있다고 보았던 것이다.[13]

이러한 의혹과 우려에도 불구하고 많은 사람들은 유럽과는 달리 미국은 자유와 평등이 보장되며, 자유로운 삶과 자아를 실현할 수 있는 유일한 장소라고 생각하였다. 이것은 1886년 10월 동상 제막식 행사에 참석한 초청 인사들의 기념사를 통해서도 확인할 수 있다. 클리블랜드(Grover Cleveland) 대통령은 봉헌사에서 다음과 같이 언급하였다.

우리는 자유의 여신상이 여기 미국에서 새로운 안식처를 찾은 의미를 결코 잊지 말아야 할 것이며,……여신이 밝히는 횃불은 자유가 온 세계로 퍼져 나갈 때까지 무지와 억압을 깨치는 여명의 찬란한 빛이 될 것이다.[14]

여신상은 또한 "무법과 무정부 상태에서 벗어나 자유를 쟁취하기 위하여 투쟁하는 모든 나라와 미국을 하나로 묶는 형제애의 상징"으로 언급되었다.[15]

뉴욕 항에서 바라본 여신상
제막식의 광경.

동상 제막식이 있었던 10월 28일은 비가 오고 안개가 낀 궂은 날씨였지만, 1억이 넘는 미국과 프랑스 양국의 국민들의 뜨거운 열정과 관심을 식히지는 못하였다. 정부는 이 날을 국경일로 지정하였다. 뉴욕의 모든 관공서와 상점은 문을 닫았으며, 월 스트리트 증권가만이 유일하게 개장했을 뿐이었다. 수많은 고층 빌딩의 창문에서는 사람들이 하늘로 색종이 테이프를 던지며 환호하였다.

뉴욕 항에는 250대의 각종 크기의 선박들이 도열한 가운데 구름같이 흰 운무가 연속적으로 피워져, 마치 파도의 물결이 이는 듯 환상적인 분위기를 연출하였다. 제작자인 바르솔디가 여신상의 머리 부분에 서서 여신상의 얼굴을 감싸고 있던 프랑스의 삼색기가 새겨진 휘장을 벗겨낼 때 축제는 절정에 달하였다. 뉴욕은 그야말로 역사상 볼 수 없었던 가장 흥분된 경축 분위기에 휩싸였다.16)

여신상, 이민의 상징

    오늘날 자유의 여신상은 이민을 환영하는 상징물로 널리 알려져 있다. 그러나 당시 동상을 구상하였던 라부라이에나 이를 제작한 바르솔디, 그리고 동상을 기증받은 미국인 모두 이러한 여신상의 이미지를 인식하지 못하였다. 제막식 참석자들역시 여신상을 이민과 관련시키려는 어떤 의도나 해석을 갖지 않았다.[17] 더욱이 이들은 이민을 미국의 긍정적인 자산으로만 보지도 않았고, 오히려 여신상을 외부 세계나 자유 이민으로부터 미국을 보호하는 수호신으로 보았다. 클리블랜드 대통령은 제막식 연설에서 여신상을 미국의 관문을 지키는 '평화의 수호신'으로 묘사하기도 하였다.[18] 제막식 참석자들은 주로 독립전쟁 당시 미국이 영국으로부터 독립을 쟁취하는 데 결정

적인 도움을 주었던 충실한 동맹국 프랑스와의 우정과 친선을
강조하였다.

제막식에서 이민에 대하여 언급한 사람은 단지 디포(Chau-
ncey M. Depew)뿐이었다.

　우리의 관문에 서서 횃불을 치켜든 여인은 가난하고 버
림받은 사람들을 환영하고 있다. 이민자들은 이제 미국의
시민으로서 새로운 삶과 희망을 기약할 수 있다. 우리는 미
국의 제도와 법을 수호하고 국가 발전에 힘쓰는 모든 사람
들을 기꺼이 형제애로 따뜻하게 맞아 줄 것이다. 그러나 우
리의 법과 질서를 파괴하고 평화를 위협하는 사람들은 우리
의 이방인이요, 영원한 적이 될 것이다.[19]

그러나 디포의 연설은 이민을 환영하는 동시에 경고의 메
시지도 담고 있었다. 이민자들이 미국인으로 새로 태어나기
위해서는 국가에 대한 충성과 복종, 그리고 강한 공동체적 의
식을 가져야 한다는 것이다.

여신상이 이민 환영의 이미지로 자리를 잡게 된 것은 무엇
보다도 미국의 여류 시인이며 유대인의 역사와 문화에 대하여
많은 글을 남긴 라자러스(Emma Lazarus)의 힘이 컸다. 그녀는
1883년 지은 14행시(sonnet)의 제목을 '새로운 거인(The New
Colossus)'이라 지었는데, 이것은 고대 시대 세계 7대 불가사의
중의 하나로 꼽히는 로드아일랜드의 아폴로 태양신의 거상을

본뜬 것이었다. 이 시의 원본은 다른 문학가나 예술가들의 작품과 함께 좌대의 건축을 위해 경매에 붙여졌다.

> 정복자의 손길이 온 대지에 펼쳐진
> 저 그리스의 요란한 청동 거인 같지는 않지만
> 여기 바닷물에 씻기고 노을이 지는 대문 앞에
> 횃불을 든 장엄한 여인이 서 있노라.
> 그 불꽃은 투옥된 번갯불, 그녀의 이름은 망명자의 어머니
> 횃불을 든 그녀의 손은 세상을 향해 환영의 빛을 보내며,
> 부드러운 두 눈은……항구를 향해 명령한다.
> 오랜 대지여, 너의 화려했던 과거를 간직하라!
> 그리고 조용한 입술로 울부짖는다.

> 너의 지치고 가난한 사람들을,
> 자유롭게 숨쉬기를 갈망하는 무리들을,
> 혼잡한 해안에 지쳐 쓰러진 가엾은 족속들을,
> 머물 곳 없이 폭풍우에 시달린 이들을 나에게 보내다오.
> 나는 황금빛 문 옆에 서서 횃불을 높이 들리라! [20]

　　라자러스가 이 시를 쓰게 된 배경에는 소위 포그롬(Pogrom)으로 알려진 러시아에서의 조직적인 유대인 학살 사건이 있었다. 1881년 러시아 황제 알렉산더 2세가 암살되자 러시아에서 범슬라브주의 운동이 맹렬히 전개되어, 유대인에 대한 조직적

인 박해와 학살 사건이 발생하였다. 이에 위협을 느낀 수많은 유대인 피난민들이 목숨을 구하기 위해 헐벗고 지친 모습으로 뉴욕 항으로 밀려들어왔다. 미국으로의 유대인 이민은 1880년에 5,000명, 1892년에 81,000명 그리고 1907년에는 258,000명으로 그 수가 급증하였다.

라자러스는 초기 유대인 이민자의 후손이었다. 그녀는 박해를 피해 미국으로 건너 온 유대인 피난민들에게 동정심과 연민, 그리고 같은 핏줄로서의 일체감을 갖게 되었다. 라자러스에게 여신상은 '뿌리 뽑힌' 유대인 동족에게 구원의 메시지를 전달할 수 있는 적절한 매체가 되었던 것이다. 바로 이것이 이 시가 나오게 된 배경이 되었다. 그러나 그녀의 시가 이민 환영의 의미로 일반에게 널리 알려지게 된 것은 한참 후의 일이었다.

미국의 시인 로웰(James Russell Lowell)은 라자러스에게 보낸 편지에서 "나는 자유의 여신상보다도 당신의 시에 더욱 큰 매력을 느낀다. 당신의 시는 자유의 여신상에게 존재의 이유를 부과해 주었다"라고 언급하였다. 이것은 여신상이 라자러스의 이민 환영의 시로 더욱 빛을 보게 되었음을 의미하는 것이다.[21] 이러한 로웰의 찬사에도 불구하고, 기금을 위한 경매가 끝난 후 라자러스의 시는 사람들의 기억 속으로 사라졌다.

제막식에서 라자러스의 시는 언급되지도 않았고, 그녀 자신도 여신상에 더 이상 관심을 갖지 않았다. 1887년 37세의 젊은 나이에 숨을 거두었을 때, 라자러스의 약력이 소개된 사망 기사에서도 「새로운 거인」에 대해서는 전혀 언급이 없었다.

그녀의 시는 당시 문학 비평가들의 관심을 끌지 못하였으며, 그녀를 추모하여 만들어진 명시선집에조차 포함되지 않았다.

라자러스의 시가 일반에게 공개된 것은 시가 발표된 지 20년이 지난 1903년이었다. 그것은 여신상 좌대에 새겨 넣을 글귀 선정을 요청 받았던 슈일러(Georgina Schuyler)에 의해서였다. 같은 뉴욕 출신의 여성 시인이었던 슈일러는 평소 라자러스를 존경하고, 그녀의 시에 대하여 많은 관심을 가지고 있었다. 슈일러는 라자러스에 대한 추모의 마음으로 그녀의 시 「새로운 거인」의 마지막 5행을 청동으로 제작된 기념판에 새겨 넣음으로써 그녀의 시가 마침내 널리 알려지게 되었다.[22]

나치 치하에서 탄압받던 유대인 피난민들이 대거 미국으로 밀려들었던 1930년대에 라자러스의 시는 자유의 여신상과 함께 이민 환영의 의미로 다시 살아나게 되었다. '피난민의 안식처'이며 '자유의 요람'으로서 미국의 이미지를 고양시키는 역할을 하였던 것이다. 아이러니컬하게도 이때는 경제 대공황으로 미국의 자본주의 체제가 위기를 맞았고, 1924년 채택된 국적별 이민제한법으로 미국의 이민 문호가 사실상 닫혀진 시기였다.[23]

'망명자의 어머니, 이민자의 어머니'

무엇보다도 횃불을 든 여신상에 새로운 의미를 부여하고, 이를 이민의 상징으로 더욱 뚜렷하게 인식시킨 것은 다름아닌 이민자 자신들이었다. 19세기 후반 유럽(특히 남동유럽)은 미국

이민의 열풍에 휩싸였다. 그리스나 이태리 남부의 농민들, 동유럽 각지에 흩어져 살던 유대인들, 그리고 폴란드·러시아·우크라이나·체코·유고슬라비아·크로아티아 등의 슬라브 민족들이 대거 이민의 대열에 가담하였다. 이들은 모두 가난하고 무지하며 사회에서 소외된 사람들이었다. 모국에서의 경제적 어려움과 종교적인 박해를 피해 더 나은 내일을 기약하며 미국으로 밀려들었다.

당시 미국은 급속한 산업 팽창으로 많은 노동력을 필요로 한 시기였으므로, 이민 노동자 유치에 매우 적극적이었다. 미국 정부는 선박 회사나 이민 모집 요원을 동원하여 해외로부터의 이민을 대대적으로 모집하였다. 이민을 홍보하는 팸플릿이나 광고 책자에 미국의 풍토·기후·생산 품목·임금·물가 동향 등을 상세히 기록하여 이민 정보를 제공하였다. 특히 이민 모집 요원들은 신대륙에 정착한 지 불과 몇 년 안에 여주인이 된 하녀, 지주가 된 소작농, 그리고 숙련 기술공이 된 실업자들의 성공담을 과장되게 전달하면서 이민 유치에 열을 올렸다.

그러나 무엇보다도 가장 설득력 있었던 것은 미국에 이미 살고 있는 친지나 이웃들이 보낸 편지였다. 미국의 드넓은 광야, 풍부한 일자리, 유럽에 비해 높은 임금, 누구든 노력만 하면 성공할 수 있다는 가능성, 그리고 전통과 계급에 얽매인 유럽과는 달리 미국은 자유롭고 평등하다는 등 미국을 소개하는 편지는 이민을 유치하는 데 가장 효과적이었다. 더욱이 가까운 친지로부터 이런 편지를 접했을 때 그 기대와 믿음은 더

할 수밖에 없었다. 이들이 전하는 말은 미지의 세계에 대한 심리적인 불안과 압박감을 덜어 주었다. 이로써 신대륙에서의 새로운 생활과 미래에 대한 희망은 실의에 빠진 많은 사람들을 소위 '도미병(American fever)'에 휩싸이게 하였다.

이민의 과정은 어려움과 고통의 연속이었다. 이민자들의 대부분은 가난한 농촌 출신으로 조상 대대로 살아온 정든 고향을 처음으로 떠나는 사람들이었다. 이들은 우선 미국행 선박을 타기 위하여 수십 혹은 수백 마일이나 떨어진 항구까지 기차나 선박 혹은 마차를 이용하거나, 때로는 걸어서 이동하여야 했다. 그리고 어렵게 항구에 도착한 후에는 여권을 받고 출국수속을 위하여 며칠 혹은 몇 주씩 기다려야 했다.

더욱이 당시의 배편은 고정된 항해 일정에 따라 입항하거나 출항하는 것이 아니었다. 일기나 기상 조건에 따라 출항이 들쭉날쭉하였다. 이로 인하여 승객들이 겪어야 했던 불안감과 경제적 압박은 심각하였다. 출항이 연기되면 이민자들은 부둣가 근처에서 수일간 머물면서 음식이나 잠자리를 위해 집이나 가재 도구를 팔아 애써 모은 경비의 상당 부분을 추가로 지불하여야 했다. 따라서 이민자들이 신대륙에 도착했을 때 대부분 무일푼 신세였던 것은 당연한 일이었다.

일단 안전하게 미국행 배에 올랐다고 하더라도 보름이 넘게 걸리는 뱃길은 힘든 여정이었다. 이민자들의 대부분은 30불에 불과한 값싼 3등석 티켓을 구입하였는데, 이곳은 항상 사람들로 북적거려 거동하기조차 불편할 때가 많았다. 큰 선박의 경

이민자들이 뉴욕 항에 도착하여 배에서 내리는 장면.

우에는 정상 인원의 두 배가 넘는 1,500-2,000명의 승객을 태워 혼잡하기 그지없었다. 당시 많은 이민선들이 화물선은 임시적으로 개조하여 만든 것이었기 때문에 승객의 안전이나 필요는 전혀 고려되지 않았다. 선박 소유주들은 더 많은 수익을 올리기에 급급하여 승객들을 화물처럼 취급하였다.

물과 음식의 부족, 위생 시설이나 환기 장치의 미비, 더럽고 비좁은 침상이나 식당 등 열악한 여객선 시설은 인내하기 어려운 고통이었다. 비좁고 어두우며 비위생적인 선내 환경으로 인하여 콜레라나 발진티프스와 같은 질병이 나돌았고, 이로 인해 전체 승객의 10% 정도가 항해 도중에 사망하였다. 고향을 떠나는 아쉬움, 친지들과의 이별의 고통과 함께 미지의 세계에 대한 불안감도 컸으리라. 자유의 여신상은 이런 장기간에 걸친 고통스런 항해의 끝이었으며, 동시에 새로운 희망의 시작을 의미하였다.

가진 것 없이 박해받고 소외되었던 수많은 아일랜드인, 폴란드인, 이태리인, 독일인, 보헤미안 이민자들의 대부분은 여신상이 자유와 희망을 상징하는 것으로 생각하였다. 여객선이 뉴욕 항 입구에 다다랐을 때, 처음으로 눈에 들어온 것은 햇불을 높이 치켜든 여신상이었다. 마치 망망대해에서 조난된 사람들이 등대를 발견한 것처럼, 이민자들은 거대한 여신상을 보면서 커다란 위안을 느꼈다. 억압과 궁핍으로부터 해방되어 다시 태어난 기쁨 그 자체였다.[24] 뱃머리에서 여신상을 처음 본 한 이민자는 다음과 같이 감격을 토로하였다.

뱃머리가 항구에 접근하자 거대한 여신상이 우리에게 다가왔다. 우리는 성스런 여신을 아무 말 없이 그냥 쳐다볼 뿐이었다. 여신상에서 우리가 앞으로 살아갈 위대하고 강력한 나라 미국의 희망을 느낄 수 있었다.[25]

이민자들은 라자러스의 말처럼 '지치고 가난한 사람들'이었으며 '자유롭게 숨쉬기를 갈망하는' 낙오자들이었다. 이들이 금빛 문 너머로 여명의 햇불을 비추는 여신의 모습을 보면서 어찌 진한 감동을 느끼지 않았겠는가? 프랑스에서 태어나

엘리스 섬에 도착하여 멀리 뉴욕을 바라보는 이민자 가족의 모습.

뉴욕 항에서 새로운 안식을 찾기 위해 운반된 여신상은 어찌보면 처음부터 먼 뱃길을 따라 장도에 올랐던 보트 피플과 다르지 않았다. 그것은 어둠과 신비의 장막에 가려 미지의 세계에 도착한 방랑자요, 이민자에 다름아니었다. 여신상의 길고도 험한 여정은 바로 이민 1세대의 고난과 도전, 그리고 희망을 연상시키기에 충분한 것이었다.

라자러스의 시는 침묵하며 무표정한 여신상에 새로운 생명력과 영감을 불어 넣었다. 시인 로웰이 말한 것처럼 여신상은 마침내 그 존재의 이유를 확인할 수 있었다. 이를 통해 여신상은 '망명자의 어머니, 이민자의 어머니'라는 새 이름을 얻게 되었다. 라자러스의 시 「새로운 거인」은 초등학교 교과서에 실렸고, 어빙 벌린(Irving Berlin)은 이 시를 브로드웨이 뮤지컬로 각색하기도 하였다. 곧 이어 미국의 역사 교과서에는 여신상에 관한 내용이 이민자들의 모습을 담은 사진과 함께 수록되었다.

이민선이 뉴욕 항에 접근하자, 배에 타고 있던 이민자들이 기대와 희망에 가득 찬 표정으로 여신상을 응시하는 그림은 이민과 관련하여 여신상이 상징하는 의미를 극적으로 표현해 주었다. 아메리칸 드림을 꿈꾸며 바다를 건너 온 이민자들에게 여신상이 치켜든 횃불은 미국에서의 성공과 행복을 인도해 줄 안내자가 되었다. 이로써 자유의 여신상은 서부개척 당시 포장마차와 함께 미국 국가 발전의 원동력이 되었던 이민을 증거하는 양대 상징물로 미국인의 마음속에 각인되었다.[26]

억압되고 불평등한 대우를 받았던 흑인

영국에서 건너 온 청교도들이 중심이 되어 '자유'와 '평등'의 이름으로 새롭게 세운 나라가 미국이다. 그러나 미국의 역사를 자유와 평등뿐인 역사라고 이름 붙이기는 어렵다. 아프리카에서 강제로 노예로 잡혀 온 흑인들의 과거가 바로 불평등과 억압의 수난사였기 때문이다. 자유와 평등의 상징인 여신상을 미국에 기증하려 했던 라부라이에가 이러한 미국의 착취적 노예제에 관심을 갖는 것은 지극히 당연한 일이었다. 그는 억압받고 착취를 당하는 흑인이 존재하는 한 백인의 자유도 결코 보장될 수 없다고 생각하였다.[27]

자유와 평등 그리고 박애의 프랑스 혁명의 이념을 담은 여신상은 미국의 노예제와 불가분의 관계를 맺고 있다. 여신상

기증 당시 영국에서는 이미 100년 전에 노예무역이 금지되었고 프랑스에서도 혁명의 결과 노예가 해방되었지만, 미국에는 여전히 노예제가 유지되고 있었다. 앞서 언급하였듯이, 진보적 지식인이며 노예폐지론자인 라부라이에는 자유와 평등에 기초한 미국의 민주 공화제를 프랑스가 본받아야 할 가장 이상적인 정치체제로 생각하였다. 그러나 억압적이고 불평등한 노예제는 그에게 미국적 자유주의의 가장 위협적인 존재로 비춰졌다.

라부라이에가 처음으로 여신상의 제작을 구상하였던 1865년은 미국 역사에서 가장 중요한 시기였다. 남북전쟁이 북부의 승리로 끝나 연방은 유지되었고, 노예해방령이 발표되어 노예들이 자유를 회복하였기 때문이다. 또한 1865년은 링컨 대통령이 암살당한 해이기도 하다. 라부라이에는 이러한 일련의 사건을 기념할 동상을 세우길 원했으며, 이것을 자유를 사랑하는 미국 국민들에게 우정의 증표로 기증하려 하였다. 남북전쟁이 북부의 승리로 끝나, 노예제를 폐지하는 데 가장 결정적인 역할을 한 사람들은 흑인 자신들이었다. 그렇다면 여신상은 흑인들의 용기와 열정을 칭송하기 위한 프랑스의 선물이었던 셈이다.

여신상이 노예제의 폐지와 연관된 또 다른 근거는 여신상의 최초 모델이 흑인 여성이었다는 사실이다. 일반인들에게는 잘 알려져 있지 않지만, 현재 뉴욕 박물관이나 프랑스에서 볼 수 있는 여신상의 모습, 즉 검고 둥근 얼굴, 두꺼운 입술, 넓은 코

등이 이를 잘 말해 주고 있다.[28] 또한 바르솔디가 처음 구상하였던 여신상은 맨발이었고, 발목과 왼손을 연결하여 묶여진 쇠사슬을 풀어 헤친 모습이었다. 이것은 마치 노예상에게 잡혀 도망가지 못하도록 목과 다리에 족쇄를 채운 노예가 이를 풀어 헤치고 자유를 부르짖는 모습을 연상케 한 것이었다.[29]

흑인 여성을 모델로 하려는 계획을 백인 우월주의자들과 노예해방에 반감을 가지고 있던 미국인들, 특히 남부의 농장주들이 달가워할 리가 없었으며, 이러한 미국 내 반대 여론으로 바르솔디는 모델을 백인 여성으로 바꾸게 되었다. 또한 손과 다리 양쪽에 채워진 쇠사슬은 다리에만 설치하고 이를 풀어 헤친 모습으로 형상이 온건하게 변경되었다. 그 이유야 어떻든 간에 풀어 헤친 족쇄는 억압과 인신적 구속으로부터의 해방을 뜻하는 것으로, 여신상이 노예해방을 상징하는 분명한 증표였음을 의미하는 것이다.

라부라이에는 1864년 링컨 대통령의 재선을 공화주의와 자유주의 이념의 승리로 축하하였으며, 링컨의 노예해방령은 프랑스인들의 열렬한 환영을 받았다. 링컨이 암살되자 프랑스인들은 애도의 마음으로 그의 치적을 기리는 메달을 보냈는데, 거기에는 "정직한 링컨은 노예제를 폐지하고 미연방을 분열의 위기로부터 구하다"라고 쓰여 있었다. 특히 메달에는 '자유의 동상'이란 글자가 새겨져 있는데, 이것은 실제적으로 자유의 여신상이 제작되기 전에 그 말이 직접 사용된 것으로 프랑스의 자유와 미국의 노예제 사이의 상호 연관성을 예증하는 것이다.[30]

굴종의 삶과 억압적인 사회구조

1619년 버지니아의 제임스타운(Jamestown)에 20명의 노예들이 처음으로 도착하였다. 초창기 흑인들은 백인 가정에 '계약 하인'으로 고용되었을 뿐, 집단적으로 사역되거나 가혹하게 착취당하지 않았다. 당시 흑인들의 법적 지위는 백인 출신 하인과 별 차이가 없었다. 그러나 남부의 기후와 토양이 담배나 면화와 같은 작물 재배에 적합하며, 그 수익성이 높아지자 점차 대규모 농장으로 확대되었다. 이로써 노예노동의 가치가 새롭게 인식되고, 노예의 수요 또한 급격하게 증가되었다. 그 결과 17세기 말엽에 이르러 남부에서 노예 제도가 공식적으로 인정되었다. 이후 흑인들은 미국 사회에서 착취와 억압, 인종적 차별과 편견을 겪으며 굴종의 삶을 살아왔다.

'자유'와 '평등'이라는 건국이념을 무색하게 하듯 미국에서 노예들은 인간 이하의 존재로 가혹하게 취급되었다. 단지 피부가 검다는 이유로, 그것도 대를 이어 350년이 넘도록 말이다. 흑인들은 어미와 아비, 그리고 자녀들이 노예상에 의해 서로 헤어져야 하는 고통을 감내해야 했으며, 일생 동안 땀을 흘리며 혹사를 당해야만 했다. 또한, 기본 생활에도 못 미치는 몇 달러를 벌기 위해 농장이나 탄광에서 힘든 노역을 감당하였다. 그나마도 임금은 깎이고 강탈을 당했으며, 때로는 이에 항의하는 동료 흑인들이 살해되는 현장을 목격해야 했다. 흑인들에게 삶 자체는 고통의 연속이었다.

라자러스는 「새로운 거인」에서 "자유를 숨쉬기를 갈망하는 무리들을 나에게 다오"라고 하였지만, 아프리카 흑인 노예에게는 자유가 존재하지 않았다. 흑인들의 자유는 남부 농장주의 경제적 풍요 속에 감추어졌던 것이었다. 당시 노예들이 불렀던 노래 가사는 흑인들이 얼마나 굴종적인 삶을 살았는지를 잘 보여주고 있다.

우리가 빵을 구우면
백인 농장주들은 우리에게 빵 껍데기를 건네주지.
우리가 식사를 준비하면
그들은 먹다 남은 음식 부스러기를 던져 준다네.
우리가 술을 빚으면
그들은 우리에게 술 찌꺼기를 주지,
그리고는 말한다네,
검둥이들은 이것만으로도 충분하다고.[31]

여신상이 전하는 상징, 즉 발목에 있는 쇠사슬을 풀어 헤친 모습은 노예제에 대한 강력한 항변을 나타내고 있다. 그러나 미국의 자유는 단지 백인들만을 위한 자유였으며, 이것은 노예들의 눈물과 땀으로 이루어진 자유였다. 신성한 종교적 자유를 찾기 위해 목숨을 걸고 신대륙에 건너왔던 사람들이 인류 역사상 가장 잔혹하고 야만적인 노예제를 가장 오랫동안 지속시켰다는 사실은 미국 역사의 아이러니요, 양심의 덫이 아닐 수 없다.

남북전쟁 후 노예해방령으로 흑인들은 자유를 찾게 되었고, 투표권과 시민으로서 누려야 할 권리가 주어졌다. 1875년 재건 의회가 통과시킨 민권법은 모든 시민들이 철도와 기선 등 운송 수단이나 숙박업소, 극장 그리고 기타 공공시설에서 차별 없이 동등한 대우를 받을 권리를 규정하였다. 그러나 그것도 잠시였다. 보수적인 대법원은 의회가 이런 법안을 입법화할 권한이 없다는 판결을 내려 민권법을 무효화시켰다.

흑인들은 선거권도 박탈되어 정치적 참여가 거부되었다. 당시는 일정한 재산을 소유하거나 문자 해독 능력을 갖춘 사람에게만 투표권 자격을 부여하였기 때문이었다. 가진 것 없고 배우지 못한 대다수 흑인들이 투표권을 행사할 수 없었던 것은 당연한 일이었다. 참정권을 박탈당한 흑인들은 판사직에 취임할 수도 없었고, 배심원으로도 선임될 수 없었다.

곧이어 대법원은 프레시 대 퍼거슨(Plessy v. Ferguson) 판결에서 '분리하되 평등(separate but equal)'이라는 기이한 평등의 원칙이 위헌이 아니라는 판결을 내렸다. 이것이 소위 '짐 크로우(Jim Crow) 법안'이다. 이것은 1866년 해방 흑인에게 평등한 보호를 보장하는 법률과 이를 공식 문서화한 수정헌법 14조를 폐지하고, 흑인의 신분을 과거로 되돌려 남부에서의 인종 분리를 정당화시킨 법적·사회적 체계이다.

짐 크로우 체제는 헌법의 저촉을 피하면서 교묘히 흑인을 차별하는 하나의 거대한 남부 문화를 형성해 왔다. 이것은 인

1926년 미국의 수도, 워싱턴에서 KKK단의 시위 모습.

종분리정책을 유지함으로써 열등한 인종인 흑인이 백인과 격
리되어야 한다는 인식을 바탕으로 하고 있다. 이로써 19세기
말에 이르면 남부의 모든 생활 영역에서 인종분리정책이 뿌리
를 내리게 되었다. 짐 크로우 법안은 1950년대 흑인 민권운동
이 시작되기 전까지 70여 년간 미국 사회의 특이한 인종 관계
를 형성한 주요 법안이 되었다.

학교, 기차나 버스, 상점, 식당, 호텔에서 흑백 분리가 이루
어진 것은 물론이고, 공원이나 화장실 어디를 가든 흑인과 백
인의 출입구가 각각 달랐다. 흑인들이 버스나 시가 전차를 탈
때면 역겨운 냄새라도 나는 것처럼 '흑인석'이라는 표식이 붙
은 자리에 앉아야 했다. 그들은 '니그로(Negro)'라고 부르는 소
리를 들었고, 대화시 존경하는 사람이든 아니든 관계 없이 백
인이면 누구에게나 "예, 선생님"이라고 경의를 표하도록 요구

받았다. 법정에서 증인으로 선서를 할 때, 흑인은 백인과는 다른 성서에 손을 얹어야만 했다. 옷을 살 때도 흑인은 사려는 옷을 미리 한번 입어볼 수도 없었다.

말로는 흑백 간에 동등한 대우를 한다고 하지만, 실제적으로 시설이나 자리 배치에서 결코 동등하지 않았다. 백인이 가는 식당과 흑인이 가는 식당이 어찌 같은 수준이었겠는가? 또한 열차에서 백인 칸과 흑인 칸이 어찌 같은 시설일 수가 있겠는가? '분리하되 평등'이라는 말은 분리되고 또한 불평등한 대우를 의미하는 것이었다. 그것은 인간으로서의 기본적 인권과 기본 생활 영역에서의 본질적인 차별을 뜻하기 때문이다.

짐 크로우 시대에는 인종분리정책과 함께, 백인 지상주의 그룹인 KKK나 '백색 카멜리아 기사단(Knights of the White Camellia)' 등에 의한 폭력과 테러가 급격히 증가하였다. 이들은 흑인들의 거주지와 직장에서 그들을 추방하는가 하면, 선거권 매수, 방화와 암살 등의 위협행위를 일삼았다. '린치(lynch: 私刑) 올가미'는 가장 위협적이며 효과적인 테러 방법이었다. 이러한 린치는 1890년대에 미국 전체에서 매년 평균 187건이 발생하였다. 그 중 80% 이상이 남부(특히 루이지애나와 미시시피)에 집중되었고, 희생자들의 대부분은 흑인이었다.

남부 주에서 흑인들은 시민으로서 보장되어야 할 제 권리가 무시되고 부정되었다. 미국에서 출생하거나 귀화한 모든 사람들은 시민권 자격을 가진다는 수정헌법 14조와 인종과 피부색, 그리고 과거의 예속 상태에 의해 시민권이 제한될 수 없다는 수정헌법 15조는 허울뿐이었으며 정부 스스로 이를 짓밟아 버렸다. 흑인 민권 운동가 더글라스(Frederick Douglass)가 언급하였듯이, 재건시대의 수정헌법안은 단지 '종이와 양피지 문서'로만 평등을 이야기할 뿐이었다. 흑인들은 과거 노예상태보다 더 나아진 것이 없었으며, "옛날의 노예주가 오늘날의 승리자가 되었다."[32] 자유, 평등 그리고 인권은 흑인들의 희생으로 얻어진 백인들만의 숭고한 가치였다.

경제적으로도 흑인은 불평등한 사회적 현실을 감내해야만 했다. 흑인은 미국 경제의 맨 밑바닥에 위치하였다. 20세기 전반부까지 남부 농촌지역 흑인의 경우 대부분 소작농이나 날품팔이로 곤궁한 생활을 이어 나갔다. 제1차세계대전 이후 많은 흑인들이 도시로 이동하였지만, 경제적 상황은 변화가 없었다. 흑인은 도시에서도 미숙련 노동자로 최하층을 형성하였다. 1950년대 민권운동이 시작되기 전, 흑인의 가계 소득은 백인의 평균 소득 수준의 절반에도 미치지 못하였다.

물론 흑백 간의 결혼도 금지되었다. 노예해방이 되었지만, 100년이 지나도록 흑백 간의 결혼은 여전히 불법으로 취급되었던 것이다. 1967년에 와서야 비로소 민권 운동가들의 줄기찬 요구에 견디다 못해 대법원은 다른 인종 간의 결혼을 금지한 법조항이 위헌이라는 판결을 내렸다. 미국은 냉전시대 소련을 비롯한 공산주의 국가들이 반체제 인사들에게 가한 인권유린을 맹렬히 비난하였다. 그러나 정작 같은 미국 국적을 가진 사람들 사이의 결혼은 피부색이 다르다는 이유 하나만으로 불법화하였던 것이다. 이것은 자유와 평등을 고귀한 가치로 여긴다는 미국의 일그러진 초상이 아닐 수 없다.

흑인의 저항과 민권운동

과거의 인종차별, 폭행, 굴욕 등을 당한 흑인들의 분노와 저항이 대규모로 증폭된 것은 1960년대였다. 그러나 자유와 평등에 대한 항거는 이미 오래전부터 그 변동의 에너지가 쌓이고 있었다. 남부 지역의 흑인들은 남부의 큰 도시에서 짐 크로우 체제를 거부하는 활동을 시작하였다. 1909년 창설된 '전국 유색인 지위향상 협회(The National Association for the Advancement of Colored People: NAACP)'는 인종적 불평등에 저항하는 전국적인 조직으로 활동하였다. NAACP는 교육 기관에서의 흑백 간 분리를 반대하는 법적 소송에서 승리하여 민권 운동 사에 커다란 발전의 계기를 마련해 주었다.

흑인의 열등성과 백인 지상주의의 이데올로기에 도전하는 조직적인 움직임은 1920년대 일어났다. 자메이카 출신의 흑인 가비(Marcus Garvey)가 주도한 흑인 민족주의 운동이 바로 그것이다. 이것은 뉴욕을 중심으로 1920년에 조직된 흑인 역사상 최대의 단일 조직이었다. '가비 운동'은 흑인성·흑인 문화·흑인 역사에 대한 자부심을 갖고, 백인 사회에의 동화를 거부하며, 아프리카의 전통과 유산에 대한 인식을 계발해 나갈 것을 장려하였다. 흑인의 고향 아프리카는 인류 문명의 발상지이며,

흑인은 서양 문화와 경쟁할 수 있는 위대한 문명을 창조했다는 것을 강조하면서, 흑인이 착취와 억압의 땅 미국에서 잃어버린 자유와 평등의 가치를 되찾기 위하여 아프리카로 돌아가야 한다는 것이다.

1920년대 흑인 운동의 또 다른 움직임은 소위 '할렘 르네상스(Harlem Renaissance)'이다. 이것은 뉴욕의 신세대 흑인 지식인(시인·소설가·예술가)들이 자신들의 인종적 유산과 문화적 풍성함을 증명하기 위해 아프리카의 뿌리로부터 영감을 끌어낸 것이었다. 랭스턴 휴즈(Langston Hughes)는 이 운동의 정신을 "나는 흑인이다……그러나 아름답다"라는 말로 표현하였다. 할렘 르네상스는 가비 운동과 유사한 메시지를 전달하면서도 저항 문화의 성격을 취하였다. 흑인의 전통과 정체성을 강조하고, 흑인 해방을 위하여 저항할 수 있는 의식화된 '신(新)흑인'을 창출하고자 하였다. 이런 저항의 메시지를 잘 담고 있는 것이 자메이카 출신 이민자였던 클로드 멕케이(Claude Mckay)의 시 「우리가 진정 죽는다면」이다. 그는 흑인들의 잠재된 분노를 다음과 같이 표현하였다.

우리가 진정 죽을 운명이라면, 돼지처럼 살지는 말자
사로잡혀 더러운 우리에 감금된 돼지처럼은 말이다……
우리는 인간처럼 저 잔혹하고 비겁한
무리(백인)와 맞서리라.
벽에 짓눌려 죽는다 하더라도 끝까지 저항하리! [33]

흑인의 민권과 투표권을 쟁취하기 위한 킹 목사의 시위 장면.

흑인 민권운동은 1960년대 흑인들의 결집된 힘과 조직적인 단결로 결실을 보게 되었다. 그리고 이러한 흑인들의 힘과 정신을 하나로 묶는 지도력을 제공한 사람이 바로 마틴 루터 킹(Martin Luther King Jr.) 목사였다. 흑인 저항에 대한 킹 목사의 접근 방식은 비폭력 원칙에 입각한 것이었다. 직접적인 공격을 받더라도 소극적인 저항으로 맞선다는 것이다. 킹은 인도의 민족주의자였던 간디의 가르침과 소로우(Henry David Thoreau)의 시민 불복종 원리, 그리고 기독교 교리를 끌어들였다.

킹은 또한 흑인들에게 우선 높은 수준의 도덕성을 요구하였다. 흑인들에게 총을 버리고 시위는 평화롭게, 체포되거나 필요하다면 맞는 것도 허용하고, 증오를 사랑으로 대할 것을 역설하였다. 온건하며 합리적인 킹 목사의 지도력은 흑인들의 단결을 강화시켰을 뿐만 아니라, 양식 있는 많은 백인들의 지지를 얻어내어 결국 70여 년간 지속된 짐 크로우 체제를 무너뜨릴 수 있었다.

킹 목사는 1963년 8월 워싱턴의 링컨 기념관 앞에서 역사적인 연설을 하였다. 25만 명의 시위 군중에게 행한 「나에게는 꿈이 있습니다 *I have a dream*」라는 감동적인 연설이 바로 그것이다. 킹 목사는 흑인에 대한 차별은 (독립선언서에 나타난) 제퍼슨의 비전을 치욕스럽게 하고, 링컨의 노예해방의 정신과 본질에 어긋나는 것이라고 지적하였다. "나에게는 꿈이 있습니다"라는 구절이 반복되는 기도 형식의 이 연설은 킹 목사의 탁월한 웅변력을 보여준 것으로, 흑인은 물론 많은 백인들의 감동을 불러 일으켰다.

나에게는 꿈이 있습니다.
모든 사람이 평등하게 태어났다는
자명한 진리의 의미를 깨달으며 살아가는
그런 날이 언젠가 오리라는 꿈입니다.

나에게는 꿈이 있습니다.
조지아 주의 붉은 언덕에서 노예의 후손들과
노예 주인의 후손들이 형제처럼 손을 맞잡고
나란히 앉게 되는 꿈입니다.

나에게는 꿈이 있습니다.
우리의 네 아이들이 피부색이 아니라

인격을 기준으로 사람을 평가하는
그런 나라에서 살게 되는 꿈입니다.
나에게는 꿈이 있습니다.
불의와 억압의 열기가 가득한 메마른 미시시피에서도
자유와 정의의 오아시스가 넘쳐흐르는
그런 날이 오리라는 꿈입니다.

지금 나에게는 꿈이 있습니다……[34]

흑인에 대한 노골적인 인종 차별의 행위는 1960년대 흑인 민권운동으로 끝을 맺게 되었다. 이것은 대대적인 불매 운동과 시위, 조직적인 압력과 여론 조성을 통해 미국인의 양심에 호소한 결과였다. 이로써 마침내 여신상의 신화 뒤에 가려진 억압과 불평등의 장막이 내려지고, 자유와 평등의 이상이 실현되게 되었다. 킹 목사의 연설에서 나타난 것처럼 흑백이 통합되고, 피부색이 아니라 개인적인 능력과 자질에 의하여 평가하는 새로운 시대가 열린 것이다.

1964년 민권법안이 채택되어 공공시설에서 흑백 분리가 금지되고, 학교에서 흑백 간 통합이 이루어졌으며, 고용에서의 차별도 금지되었다. 1965년에는 흑인들에게도 투표권이 인정되어 정치적 평등이 실현되었다. "자유는 주어지는 것이 아니라 쟁취하는 것"이라는 말대로 흑인들의 결집된 힘과 저항 의식이 흑인의 역사를 다시 쓰게 만들어 놓았던 것이다.

그러나 흑인들은 오늘날에도 여전히 차별과 편견에 시달리고 있다. 흑인들은 취약한 경제 형편으로 인하여 도시 중심부의 빈민 지역에 주로 거주하고 있다. 미국 땅 어느 곳을 가도 흑인과 백인의 거주지가 칼로 자른 듯 갈라져 있다. 흑백 간 경제력과 신분의 차이와 함께, 교육과 일자리에 널리 퍼져 있는 차별적 관행은 인종 간 이질감을 더욱 증폭시키고 있다. 20세기 초 흑인 민권운동을 주도하였던 듀보이스(W.E.B. DuBois)는 일찍이 20세기 미국 사회를 분열시키는 가장 심각한 문제는 피부색에서 비롯될 것이라고 언급하였다.[35] 100년이 지난 지금에도 그의 말은 여전히 진실이 되고 있다. 1992년 'L.A. 폭동'에서 보았듯이, 미국 사회의 인종 문제는 아직도 해결되지 않은 채 많은 사회적 문제를 낳고 있다. 미국 사회의 '컬러 라인(color line)'은 세습적인 신분제처럼 현재에도 존재하고 있으며, 이것은 사회적 갈등과 대립의 요인이 되고 있는 것이다.

이민 배척과 백인 우월주의

　미국은 이민의 나라이며, 이민은 미국을 형성한 요체가 되었다. 1620년 청교도 순례자들(Pilgrims)들이 종교적 자유를 찾아 아메리카에 도착했을 때, 그들은 여권을 갖고 있지 않았다. 몇몇 필수적인 생활품과 성경책만을 가지고 왔을 뿐이다. 지금의 기준으로 볼 때, 그들 가운데 과연 몇 명이나 까다로운 이민국의 서류심사와 신체검사를 통과할 수 있을지 의문이든다. 그 뒤를 이어 독립된 후에 미국에 입국한 이민자들은 거의 4,000만 명이 넘었다. 이들 역시 여권이나 비자 없이 입국하였다. 이들이 미국의 시민이 되는 과정에서 어떤 관리에게도 증명서 제시를 요구받지 않았다. 출입국을 위해 공식적인 여권이나 비자를 발급하기 시작한 것은 1900년 이후였다.

미국의 역사적인 문호 개방정책은 미국 대륙이 광활하고 미개척지가 많았으며, 또한 구세계(유럽)로부터 멀리 떨어져 있다는 지리적 조건에서 생겨난 산물이었다. 여기에 새로운 원리가 더해졌는데, 그것은 자발적인 '국외 탈출의 권리'였다. 즉, 누구든지 자신의 뜻에 따라 다른 곳으로 이주하고 정착할 수 있다는 권리를 가지고 있다는 것이다. 이와 같은 국외 탈출은 "모든 사람의 자연적이고 천부적인 권리"라고 독립선언서에도 명시되어 있다. 이로 인하여 수많은 이민자들이 모국을 떠나 자신의 결정에 따라 미국으로 이주할 수 있었던 것이다. 적어도 독립한 지 첫 세기 동안(자유의 여신상이 세워졌던 시기까지)은 자유 이민과 문호 개방의 원칙이 지켜졌다.

페인(Thomas Paine)이나 제퍼슨(Thomas Jefferson)과 같은 건국 초기 지도자들은 신생 독립국을 억압받는 사람들이 자유와 축복을 누릴 수 있는 피난처로 생각하였다. 조지 워싱턴은 1783년 뉴욕으로 이주해 온 아일랜드 이민자들에게 행한 환영 연설에서 "미국은 가슴을 열고 부유하고 존경받는 사람들뿐만 아니라, 모든 국가나 종파로부터 소외되고 억압받는 사람들을 차별 없이 받아들일 것"이라고 언급하였다.36) 이들은 한결같이 미국은 단일 민족이 아닌 다양한 민족의 이민으로 이루어진 나라이며, 이러한 다민족 복합 문화가 미국의 장점으로 작용할 것으로 보았다.

식민지 시대부터 적어도 20세기 초까지 미국은 이민에 대하여 매우 호의적이었으며 또한 적극적이었다. 이민이 서부

개척과 경제 발전에 필요한 값싸고 질 좋은 노동력을 제공해 주었기 때문이었다. 이민은 급격한 산업화의 과정에서 필요한 노동력을 탄력성 있게 충족시킴으로써 미국 경제의 하층 구조를 견고하게 다져 주었다. 이민자들은 낮은 임금에도 불구하고 미국인들이 기피하는 힘들고, 어렵고, 더러운 직종을 떠맡아 불평 없이 일을 하였다. 이들 덕분에 토착 미국인들(대부분 앞서 이민 온 영국, 아일랜드, 독일 등 북서유럽 출신 이민자들)은 더욱 안정되고 편안한 관리직이나 사무직으로의 사회적 신분 상승을 이룰 수 있었다.

미국은 모국에서의 가난과 억압에 시달리던 이민자들에게는 '부와 기회의 땅'이었다. 그 결과 19세기 후반 세계 각처에서 가난과 억압을 피해 수많은 이민자들이 엘리스 섬으로 밀려들어 왔다. 그러나 약속의 땅, 자유와 평등의 땅이라고 믿었던 미국은 또 다른 억압과 좌절을 안겨 주었다. 여신상이 세워졌던 시기는 아이러니컬하게도 이민을 배척하는 토착주의 운동이 전국적으로 확산되었던 때였다. 라자러스의 이민 환영의 시구에 나타난 인도주의는 이제 심각한 배타주의로 바뀌었던 것이다.

앞선 이민자들과 새 이민자들의 갈등

우리가 흔히 미국을 '이민의 나라'라고 하지만, 이민이 언제 어디서나 환영을 받았던 것은 아니다. 이민의 국적이 점점 다양해지고, 이민의 폐해가 급증할 때 앞서 이주해 왔던 미국인들은 텃세를 부리며 새 이민자들을 증오하고 배척하였다. 토착 미국인들은 자신들과 인종·종교·언어·가치관 등이 다른 이질적인 이민자들을 두려움과 증오심으로 전면 거부하는 태도를 보였다. 이것이 미국 역사상 토착주의(Nativism)로 알려진 반외세, 반이민을 목적으로 전개된 대중운동이었다. 대규모 이민이 유입된 19세기 말과 20세기 초는 토착주의 운동이 전국적으로 확산되어 이민에 대한 불안감과 적대감이 고조된 시기였다. 그 이유는 이민의 급격한 양적 팽창과 함께 미국 내 인종 분포도가 마치 모자이크처럼 복잡해진 데 있었다. 당시 이민의 주류를 형성한 것은 남동 유럽인들이었다.

이들 '신이민자들'은 과거 이민의 주류를 형성하였던 북서 유럽과는 상당한 차이를 보여 주었다. 지중해 연안의 이태리와 그리스 출신들은 피부색이 비교적 검고, 키도 작았으며, 거칠게 생긴 사람들이 많았다. 종교적으로도 개신교를 믿었던 구이민과는 달리, '신이민자들'은 가톨릭, 희랍정교 그리고 유대교를 신봉하였다. 또한 이들은 그들 고유의 언어·풍습·음식·옷차림 등을 고수함으로써 미국 사회에 적극적으로 동화하려는 열의가 부족한 집단으로 비난을 받기도 하였다.

'신이민자들'은 주로 뉴욕, 보스턴, 시카고 등 항구 도시나 동북부 산업 지대에 집중 정착하였다. 이들의 대부분은 불결하고 비위생적인 빈민가에 같은 동족끼리 배타적인 집단 거주지를 형성하여 질병이나 범죄와 같은 사회 문제를 일으키는 주범으로 인식되었다.[37] 특히 남부 이태리인들은 악명 높은 마피아 범죄 조직과 연관되어 매도당했고, '유럽의 중국인' 혹은 '니그로만큼이나 저질 민족'으로 경멸의 대상이 되었다.[38]

이들 이민자들의 대부분은 가난하고 특별한 기술이 없는 미숙련 단순 노동자들로서 낮은 임금과 나쁜 노동 조건에도 기꺼이 일을 하였다. 따라서 이들은 토착 미국인들의 일자리를 빼앗고, 임금 수준을 하락시키며, 국가의 공공재정의 부담을 가중시킨다는 비난을 받았다. 또한 미국 노동자들이 임금이나 노동 조건의 개선을 위하여 파업을 벌일 때, 이민 노동자들이 고용주의 손아귀에 놀아나 자신들의 일자리를 대신 차지할 것에 두려워하였다.

비미국적인 혈통과 문화 그리고 가치관을 가진 이민자들에 대한 차별과 편견은 항상 있었으나, 유대인의 경우는 더욱 심각하였다. 식민지 시대 미국에서 유대인들은 투표를 할 수 없었으며, 이것은 19세기 말까지 지속되었다. 무대 공연에서 유대인들은 자주 악당이나 불량배로 등장하여 비난과 경멸의 대상이 되었다. 전통적인 유대교 교리에의 집착, 특이한 외모 그리고 민족성을 나타내는 독특한 옷차림과 풍습 등은 많은 토착 미국인들에게 배타적인 감정을 갖게 하였다.

유대인들은 또한 "장기간에 걸친 탄압과 고통을 받아왔기 때문에 거칠고 광신적이며", 씨족 중심의 배타적인 민족성은 '미국화'를 막는 걸림돌이 된다고 비난을 받았다.[39] 이러한 유대인들에 대한 반감은 유대인 가옥이나 상점에 대한 방화와 약탈로 이어졌다. 유대인들은 거주지나 직업에서의 차별적 대우는 물론, 호텔이나 기타 공공장소의 출입을 제한받기도 하였다. 어떤 호텔에는 '유대인과 개는 사절'이라는 말을 문 앞에 붙여 놓았으며, 일자리 광고에서는 '기독교인들만 지원 가능'이라는 문구를 흔히 볼 수 있었다.

1880년대 미국에서는 사회주의자와 무정부주의자들의 활동으로 수많은 노동 분규와 집단 파업이 발생하였다. 이러한 '사회적 소동'은 최근에 유입된 이민 노동자들의 선동에 의한 것이라고 일반적으로 인식되었다. 또한 많은 미국인들은 미국이 제1차세계대전에 참전할 당시 국내의 반전주의자나 병역 기피자들의 대부분은 순수한 미국인들이 아니라, 외국계 이민자라고 생각하였다. 1917년 러시아에서 발생한 볼셰비키 혁명은 이러한 우려를 더욱 고조시켰다. 당시 미국 사회에 퍼져 있던 사회주의·급진주의·무정부주의가 모두 이민과 연관되어 있으며, 이것이 미국 사회의 안정과 번영을 위협하는 것으로 인식되었던 것이다.

20세기 초 주목을 받았던 미국 사회당은 핀란드와 동유럽 출신의 이민자들이 주축을 이루었고, 미국 공산당 역시 러시아나 폴란드 등 슬라브 민족에 의해 창설되어 좌익 선전과 투쟁을 전개하였다. 제1차세계대전 직후 나타난 경기 불황, 노동자들의 집단 시위, 소련에서의 볼셰비키 혁명으로 인하여 미국 내 급진 세력은 절정을 이루었다. 남동 유럽인들을 급진주의자로 동일시하는 고정 관념과 편견은 이들 출신 지역에 대한 이민 규제를 강화하는 요인이 되었다.

이민자 배척과 백인 우월주의

당시 미국 사회에 팽배하였던 이러한 이민 배척과 백인 우월주의의 사조를 가장 잘 묘사한 것은 알드리치(Thomas Bailey Aldrich)의 1895년 시 「활짝 열린 문 *Unguarded Gates*」이었다. 『월간 대서양 *Atlantic Monthly*』의 편집인이며 시인이었던 알드리치는 인종·종교·문화·가치관이 다른 이질적인 이민자들의 대량 유입에 대한 우려와 두려움을 간결하면서도 독설적인 어조로 표현하였다.

무방비 상태로 활짝 열린 우리의 문
황홀한 대지로의 입구
주위에 한 줌의 흙도 없이,
광야에 심어진 훗날의 에덴 동산
그러나 노예라도 이 땅을 밟게 되면 자유를 얻게 되리.

무방비 상태로 활짝 열린 우리의 문,
그 문을 통해 거칠고 잡다한 무리들이 몰려든다.
중국인, 말레이인, 스키타이인[40], 튜턴인, 켈트인……
여러 민족의 진부한 형상들,
모국의 가난과 모멸의 깃발을 휘날리며,
이름 모를 잡신과 의식들을 숭배하고,
발톱을 뻗으려는 호랑이의 열정을 가진 그들.

거리와 골목은 이상한 언어들로 시끄럽고,
우리들을 위협하는 낯선 억양들,
한때 바벨탑이 들렸던 바로 그 목소리들!

오, 자유여, 하얀 여신이여!
이렇게 우리의 문을 무방비 상태로 놔두어서야 되겠는가?
너의 가슴에 비애의 자식들이 안기는구나.
자유의 선물을 낭비하기 위해
신성한 너의 문을 두드리는 자들을
무쇠와 같이 강인한 손으로 저지하라.
먼 옛날 고트족과 반달족의 무리가 로마를 짓밟고,
한때 시저의 성전들이 서 있던 자리에
아무런 저지 없이 굶주린 늑대가 소굴을 만든 것처럼,
너의 이마에 새겨진 성단이 찢겨져
땅에 짓밟히지 않도록 경계하라.[41]

'이민자의 어머니'로서 친이민 환영의 메시지를 전하는 라
자러스의 시와는 달리 알드리치의 시는 반외세 이민 배척의
내용을 담고 있다. 이 시는 미국을 '에덴의 동산'으로 묘사하
고, 노예의 신분이라도 일단 미국 땅에 들어오기만 하면 자유
를 얻을 수 있다고 하여 문안에 거주하는 사람들만의 자유를
옹호하였다. 따라서 여신상은 외부로부터 이질적인 이민을 저
지하는 방파제, 즉 '거칠고 잡다한 무리들'의 침투를 막는 수

호신으로 묘사되고 있다.

알드리치는 백인 혈통의 순수성을 의미하는 '하얀 여신(white goddess)'이 '무쇠와 같은 강인한 손'으로 '여러 민족의 진부한 형상들'을 저지해야 한다고 하였다. 그 옛날 로마가 야만적인 고트와 반달족에 의해 멸망된 것처럼, '호랑이의 발톱'을 가진 이민자들로부터 미국을 지켜야 한다는 것이다. 성서에 나오는 바벨탑 사건처럼 혼합된 여러 민족의 반목과 갈등이 미국 사회의 안정과 질서를 무너뜨릴 수 있음을 우려하였다. 이 시에서 이민자들은 미국인의 자유를 박탈하고 민주주의를 위협하는 야만스럽고 사악한 존재로 묘사되고 있다.

알드리치는 1892년 친구에게 보낸 편지에서 최근에 강도를 당한 분노와 적개심, 그리고 "미국이 유럽의 시궁창으로 변해가는 데 대한 항변"으로 이 시를 썼다고 밝히고 있다. 이 편지에서 알드리치는 그의 시에서 나타난 것보다도 더 강하게 이민에 대한 혐오감을 표현하였다.

거칠고 잡다한 이민자들은 세균과 같은 존재이며, 이것은 프랑스 혁명이 가져온 당연한 결과이다. 이들 야수와 같은 이민자들은 합법적인 형태의 정부를 바라지 않으며, 단지 사회적 혼란과 무질서를 원할 뿐이다. 이러한 인간 쓰레기들로부터 미국은 정화되어야 하며, 미국인만을 위한 미국이 되어야 한다.[42]

이민에 대한 반감은 알드리치 한 개인만의 생각은 아니었다. 당시 토착주의 운동은 전국적으로 확산되어 여러 사회 계층의 사람들의 지지를 받았으며, 이제 미국은 더 이상 무차별적으로 이민을 받아들여서는 안 된다는 사회적 인식이 널리 확산되었다. 1887년 창립된 미국보호협회(American Protective Association)는 '미국인을 위한 미국'의 건설을 제창하고, 이민 금지와 귀화법의 강화를 약속하여 개신교 노동자 계층의 호응을 불러일으켰다.

1894년에는 이민규제연맹(Immigration Restriction League)[43]이 창설되어 비미국적인 가치관을 지닌 가톨릭 교도, 유대인, 남동 유럽인 그리고 동양인들에 대한 대대적인 배척운동을 전개하였다. 이 단체는 흑인들이 남부의 문화를 무너뜨린 것처럼 '새로운' 이민자들이 미국의 도시를 망쳐놓았다고 주장하여, '미국 제일주의'라는 가장 손쉬운 의미의 단어로 이민 제한을 정당화하였다.

이민규제연맹은 미국인을 '초기' 이민자와 '새로운' 이민자로 구분하고, 이들 사이에 민족적 특성이나 현실적응 능력에 차이가 있음을 강조하였다. 그리고 숙련되지 못하고 무식하며, 이질적인 문화와 가치관을 지닌 남동 유럽 국가로부터의 '바람직하지 못한' 이민을 저지할 가장 현실적인 방법으로 문맹시험법(literacy test)의 채택을 요구하였다.

문맹시험법은 16세 이상의 모든 이민자들에게 '읽고 쓸 줄 아는' 문자 해독능력을 실시하여 이를 통과한 사람에게만 입국을 허용하였다. 그 방법은 어떤 언어로든지 간에 40개 단어를 읽어 낼 능력이 있는가의 여부를 판별하는 것이었다. 다만 50세 이상 16세 이하의 시민권자와 영주권자의 친족들은 시험을 면제받았다. 문맹시험법은 1896년 처음 의회에 제출된 이후 3차례에 걸친 대통령의 거부권 행사로 폐기되었다. 그러나 제1차세계대전으로 인해 민족주의와 애국심이 고조되기 시작했던 1917년 2월 상하 양원의 2/3 이상의 표결로 대통령의 거부권을 무효화시킴으로써 마침내 채택되었다.

문자 해독이라는 보편적이며 합리적인 기준에 의해 마련된 이 법안은 외관상 특정 인종을 차별한다는 의혹을 불식시키면서도 '원하는 이민'과 '원치 않는 이민'을 가려낼 수 있는 교묘한 수단이 되었다. 이것은 비교적 교육 수준이 높고 영어를 통상적으로 사용하는 북서 유럽인들을 환영하는 반면, 교육 수준이 낮고 영어를 거의 알지 못하는 남동 유럽인들의 이민을 규제하는 데 그 목적이 있었다. 이 법안은 미국의 전통적인 민주주의나 기회 균등의 평등사상과 근본적으로 배치되는 것이었다. 무식이란 단지 배울 기회가 없었을 뿐이지 무능을 의미하지는 않으며, 따라서 교육은 결코 시민의 표준이 될 수 없기 때문이다.

KKK단과 '100% 미국주의'

제1차세계대전이 끝난 후 1920년대에 번영이 찾아왔어도 이민자들에 대한 토착주의자들의 편견과 배척 활동은 줄어들지 않았다. 1920년대는 미국인만을 위한 미국, 즉 '100% 미국주의(Americanism)'를 주창하며 외래의 것에 대항하여 전통적인 가치관을 수호하려는 시대였다. 당시 이러한 보수적이며 획일적인 사회 풍조를 잘 대변하는 것이 큐 클럭스 클랜(Ku Klux Klan)이었다. KKK단은 원래 남북전쟁 직후인 1867년 테네시에서 결성된 반흑인 비밀 결사단체로서 노예해방에 자극되어 반항적이며 위험스런 행동을 하는 흑인들을 감시하거나 협박하는 일을 주로 하였다. 그러나 제1차세계대전 이후에는 남부 농촌 지역을 중심으로 부활하여 비미국적 가치관을 지닌 이민자들에 대한 배척운동을 전개하였다.[44]

KKK단은 남부의 농촌 지역뿐만 아니라, 북부와 중서부 산업도시에서도 급속히 팽창하였고, 1924년에는 400만 명의 회원을 확보하였다. 클랜 단원들은 자신들이 애국자이며 도덕성의 수호자로 보이도록 노력하였다. 이들은 비밀 집회를 열고 불 십자가를 휘두르며, 흰 두건을 쓴 채 거리를 활보하기도 하였다. 이들은 외국의 정부나 국민, 그리고 제도에 대한 충성을 배격하고, 가톨릭교도, 유대인 그리고 외국인들에 대하여 조직적인 위협을 가하였다. 때로는 공개적으로 채찍질을 하거나, 타르 칠을 하고 몸에 새털을 씌워 놓기도 했으며, 불을 지르거나 린치를 가하는 등 폭력을 이용하여 공포심을 조장하였다.

KKK단은 또한 이질적인 이민자들이 구습을 버리고 미국 사회에 적극 동화하도록 하는 소위 '미국화 운동'을 대대적으로

백인 우월주의 집단인 KKK는 유색인종·가톨릭교도·유대인을
대상으로 잔인한 테러와 린치를 자행하였다.

전개하였다. 이것은 이민자로 하여금 모국과의 유대 관계를 청
산하고, 신속하고 효과적으로 미국 사회에 동화하도록 하는 것
이었다. 제1차세계대전 당시에도 그 전례가 있었지만 연방 정
부, 주나 시정부 그리고 많은 민간단체가 이민자에게 영어를
가르치고, 미국의 문화와 전통을 이해하도록 하며, 귀화를 장
려하고 전쟁 채권을 구입토록 하는 등 미국적 가치관과 애국
심을 고양시키기 위한 일련의 교육 프로그램을 실시하였다.

이민자들이 '미국화'되어야 한다는 이념으로 제시된 것이 바
로 용광로(melting pot) 이론이다. 여러 불순물이 섞인 쇠붙이들

을 녹여 순도가 높은 금, 은 그리고 강철을 뽑아내듯이 세계 각처에서 다양한 언어와 종교, 그리고 문화와 풍습을 가진 이민자들이 미국인이라는 새로운 민족으로 거듭나야 한다는 것이다. 그러나 미국이란 용광로에서 만들고자 하는 것은 가장 미국인다운 미국인, 그 중에서도 와스프(WASP, White Anglo-Saxon Protestant), 즉 앵글로-색슨 혈통을 가지고 개신교를 믿는 백인이 바로 이 용광로가 만들고자 하는 주물이다. 흑인이나 황색인들이 용광로에 들어간다고 백인으로 변할까마는 적어도 사고와 행동양식에서는 백인과 유사하여야 한다는 것이다.

국수주의적 애국주의가 팽배하였던 당시의 시대·사회적인 배경으로 볼 때, 이민 규제에 반대하는 세력은 극히 미약할 수밖에 없었다. 그 결과로 나타난 것이 1924년 국적별 이민제한법(National Origins Act)이었다. 이 법안은 국적과 인종에 따라 이민 쿼터를 차별적으로 적용하여 '바람직하지 못한 이민'을 억제하고 백인 중심의 사회를 유지하려는 데 그 목적이 있었다.

이 법안은 1890년의 인구조사 자료를 토대로 당시 미국에 거주하고 있는 외국 태생의 인구를 출생국별로 구분하여 출생국별 인구의 2%에 해당하는 수로 이민을 제한하였다. 또한 한 해 입국할 수 있는 이민 쿼터도 15만 명으로 한정하였다. 1890년 당시 미국의 인구 중에서 북서 유럽 출신자들의 비율이 상당히 높았고, 남동 유럽 이민자들이 본격적으로 들어오기 전이었기 때문에, 자연히 이민 쿼터의 대부분이 북서 유럽 국가들에게 배당되었다.

국적별 이민제한법은 WASP를 핵심으로 하는 북서 유럽 국가로부터의 이민은 환영한 반면, 남동 유럽으로부터의 이민은 크게 제한하였다. 동양인(한국인은 당시 일본인 쿼터에 포함됨)은 각 국적별로 매년 100명만이 명목상으로 이민이 허락되었으나, 실질적으로 시민권의 자격이 없다는 이유로 이민이 거의 금지되었으며, 결국 이 법안으로 미국의 전통적인 자유 이민은 포기되고, 이민의 문호가 사실상 닫히게 되었다. 이것은 억압받는 사람들의 피난처로서의 미국, '기회의 나라'로서의 미국을 상징하는 여신상의 이미지를 크게 손상시켜 놓았다.

1924년 쿨리지(Calvin Coolidge) 대통령은 인종차별적인 국적별 이민제한법에 서명하였다. 그러나 아이러니컬하게도 같은 해에 자유의 여신상과 베들로 섬, 그리고 연방 이민국이 있던 엘리스 섬이 국가기념물로 공식 지정되었다.[45] 이것이 과연 누구를 위한 그리고 무엇을 위한 기념물인가? 라자러스가 말한 '망명자의 어머니'로서 '억압에서 벗어나 자유를 갈망하는' 이민을 환영하는 상징물인가? 아니면 알드리치가 묘사한 것처럼 '이름 모를 잡신과 의식'을 가진 '잡다한 군중들'로부터 미국을 지키는 '하얀 여신'인가?

인종주의와 그 병폐

20세기 초 백인 우월주의에 입각한 이민 배척을 더욱 합리화시킨 것은 생물학과 유전학(우생학)에 근거를 둔 인종주의였다. 고고학자, 심리학자, 의사 등 소위 인종 과학자들은 각 인종의 신체적 특징과 정신 기능은 근본적으로 바뀔 수 없다고 주장하였다. 이들은 유전적 요인(머리색, 골격, 피부 색소 등)에 따라 문화의 질적 특성이 나타난다고 보았고, 이에 따라 인종이나 민족의 우열을 등급화하였다. 즉, 앵글로-색슨족은 일등 민족이고, 강대국의 지배를 받았던 유색인종은 열등 국민이며, 근대화를 이루지 못한 채 열강의 각축이 되었던 남동 유럽인들은 문제가 있는 민족이라는 식의 논리를 내세웠다.

인종학자들은 두개골과 이마의 각도를 측정하여 뇌의 용량을 알아내는 방법을 통하여 이태리나 슬라브인들은 스코틀랜드나 노르웨이인들보다도, 그리고 동양인이나 흑인들은 다른 유럽인들보다도 지적 능력이 떨어진다는 사실을 증명하려 하였다. 인종학자들은 지능 검사를 근거로 '신이민자들'은 미국 전체의 지적 수준을 낮추고 있으며, 따라서 이들 열등 민족들을 효과적으로 규제하는 이민정책의 수립을 촉구하였다. 이들은 또한 혈통의 질을 높이기 위해 우수 가족이나 부부를 선정하는 행사를 벌이기도 하였다.

인종학자들은 유전적으로 열등한 동양인이나 남동 유럽 민족들은 종족 번식력이 빠르기 때문에, 이들에 대한 통제가 이루어지지 않는다면 미국은 '잡종의 나라'로 변질될 것이라고 경고하였다. 우생학과 생물학에 근거한 이런 유사(類似) 과학은 정확히 입증되지 않은 채, 국가주의와 토착주의에 그럴듯한 해석을 제공함으로써, 그 이면에 깔려 있는 인종적 차별과 편견을 은폐하기도 하였다. 혈통적으로 우수한 민족이 열등한 민족을 지배해야 하며, 인종 간 능력의 차이로 인하여 사회적 불평등이 생기는 것은 불가피하다는 논리였다.

그러나 이런 주장은 과학적인 근거가 결여되었음이 판명되었다. 두개골, 피부색, 머리색 등은 선천적인 지능과 아무런 관련이 없으며, 지능검사에서도 문화적 편견이 작용한 결과였다. 열등하다는 동양인이나 남동 유럽인의 후손들은 미국 평균 이상의 교육적 성취와 소득 수준을 유지하고 있음이 많은 통계 자료를 통해 확인되고 있다.[46] 과거 열등한 민족으로 매도되었던 한국인과 중국인, 그리고 유대인들은 그 어떤 민족보다도 높은 교육열을 보이고 있으며, 경제적 자립의 속도도 빨라 소위 '모범적인 소수민족(model minority)'으로 평가받고 있다.

1924년에는 심지어 단종법까지 제정되었으며, 1967년까지 그 효능이 유지되었다. 이로 인하여 많은 신체·정신 장애자들이 본인의 의사에 반하여 강제적인 불임 수술을 받아야 했다. 우생학자들은 유전자가 인간의 신체적 특징을 결정하며 더 나아가 인간의 행동도 결정한다고 보았다. 우생학자들은 유전적으로 결함이 있는 사람들의 불임은 수백만 달러를 절약하는 결과를 가져 올 것이라 주장하며, 각 주의 의원들에게 불임을 합법화하는 로비를 전개하였다. 1925년 버지니아의 벅과 벨(Buck v. Bell)의 재판에서 불임법이 합헌이라는 결정이 내려진 이후 1935년까지 30개 주에서 불임법안이 통과되었다.

깨끗한 피를 지킨다는 명분하에 미국 전역에서 6만 명에 이르는 저능아, 정신병자, 지체 부자유자, 간질환자 등이 집단 수용되어 강제로 불임 수술을 받았다. 또한 이들 생물학적 부적자(不適者)들은 본인의 의사에 반하여 수년간 병원에 감금되거나, 수용소에 격리되어 강제 노동에 동원되기도 하였다. 자유와 평등, 인권을 가장 귀중한 가치관으로 여겨왔던 미국에서조차 이런 비인간적인 행위가 발생했다는 것이 믿기지 않을 뿐이다.

동양인에 대한 차별과 인권 유린

　흑인이나 유럽 이민자들에게 행해졌던 인종적 차별 행위는 동양인 이민자들에게서 더욱 두드러지게 나타났다. 이것은 동양인들의 언어·외모·피부색·옷차림 등이 눈에 띄어 더욱 이질감을 느끼게 하기 때문이었다. 1848년 캘리포니아에 금광이 발견되고, 남북전쟁 직후 대륙 간 철도 부설로 중국인 계약 노동자가 대량으로 유입되었다. 특히 19세기 말에는 샌프란시스코와 로스앤젤레스 등 서부 해안지역에 중국인들이 몰려들어, 이들에 대한 증오와 폭력이 격해지던 시기였다. 중국인들에 대한 배척은 1870년대 후반 심각한 경기 불안과 실업이 그 도화선이 되었다.

　기업가들은 더 많은 이윤을 남기기 위하여 중국인 계약 노

토착 미국인들이 중국인
거주지를 습격하는 장면.

동자를 대량으로 수입하였다. 중국인들이 낮은 임금과 노동
조건에도 불구하고 농업·광업·제조업 등에서 일하게 되자, 많
은 토착 백인 노동자들은 일자리를 잃게 되었다. 이로 인하여
중국인에 대한 인종적 편견과 반감이 고조되었으며, 의회는
악화된 국민 여론에 굴복하여 1882년 중국인 배제법(Chinese
Exclusion Act)을 채택하였다. 이 법안은 미국 역사상 특정 민족
의 이민을 배타적으로 제한한 최초의 법안이었다. 이제 소수
의 유학생이나 상인들을 제외하고 중국인 노동자들의 유입이
금지되었으며, 중국인들이 미국 시민권을 취득하지 못하도록
규제하였다.

중국인들의 이민을 금지한 이유는 중국인 계약 노동자들이 미국인들의 일자리를 빼앗고, 임금 수준을 낮춘다는 것이었다. 그러나 경제적 이유보다는 인종적 편견과 고정 관념, 즉 이질적인 문화와 가치관을 지닌 중국인들에 대한 차별적 반감이 표출된 결과였다.[47] 1885년에는 계약 노동을 금지하는 법안이 채택됨으로써[48] 중국인 계약 노동자의 유입이 금지되고, 이미 미국에 거주하고 있는 노동자들도 추방되었다.

계약 노동을 금지한 이유는 계약 자체가 강제적인 규정을 담고 있으며, 자유 이민이 아니라는 것이었다. 그러나 더 중요한 것은 계약 노동자의 대부분이 유색 인종(중국인)이며, 이들의 상당수는 계약 기간이 만료된 후에도 불법 체류자로 계속 미국에 남아 있기 때문이었다. 또한 계약 노동자들은 특별한 기술이 없는 단순 노동직으로 미국 노동시장의 과잉 공급을 초래하고 인종과 문화적으로 이질적이며, 미국 사회에 적응·동화하기가 어려운 사람들이었기 때문이었다.

1906년에는 캘리포니아 지역에 일본인들이 대량으로 유입되었다. 이에 샌프란시스코 교육위원회는 당시 남부 흑인들에게 적용되고 있던 인종분리정책을 일본인들에게도 적용하여 백인이 다니는 공립학교에서 일본인 학생들을 따로 격리·수용하는 조치를 취하였다. 일본 정부가 이에 항의하자, 미국 정부는 일본 이민배제법을 채택하지 않는 대신, 일본 정부가 자발적으로 자국 노동자들에게 여권을 발급하지 않는다는 것을 약속한 신사협정(Gentlemen's Agreement)을 체결하였다.

더 나아가 1913년 캘리포니아 주의회는 외국인 토지법을 제정하여 미국 시민의 자격이 없는 외국인(특히 일본인)들의 토지 소유를 금지하였고, 토지의 임대도 최고 3년으로 제한하였다. 1917년에는 아시아 이민 금지 구역을 설정하여, 인디아·버마·샴·말레이시아 등 아시아 전역에서 유색 인종의 유입을 철저히 차단하였다.

이러한 인종적인 편견과 차별에도 불구하고 동양인들은 자유의 여신상 좌대의 건축을 위한 모금 운동에 참여하도록 권유를 받았다. 이에 대하여 한 중국인은 다음과 같이 언급하였다.

우리에게 기부금을 요구하는 것은 모독 행위이다. 이 나라에 들어오는 모든 사람들을 인도하기 위하여 횃불을 든 여신상, 그것은 자유를 상징한다.……중국인들은 다른 유럽계 이민자들처럼 자유를 누리며 인격적인 대우를 받고 있는가? 중국인들이 이 사회에서 과연 모욕과 학대, 폭력과 차별 그리고 린치로부터 자유로울 수가 있는가?……이 나라에서 중국인들은 시민이 될 자격이 없으며 따라서 변호사도 될 수 없다. 미국은 중국인을 제외한 모든 사람만이 자유로운 땅일 뿐이다.[49]

일본인 강제 격리수용

미국 내 소수민족에 대한 탄압 행위는 제2차세계대전 중 일본계 미국인들의 강제 격리수용에서 가장 극명하게 나타났다. 적대국에 대한 증오와 보복, 그리고 히스테리가 심하였던 제1차세계대전 때조차도 독일이나 이태리계 이민자들이나 그들 자손들에 대한 적대감은 그리 거세지 않았다. 최전선에서 미군들이 이탈리아와 독일을 상대로 피비린내 나는 전쟁을 계속하고 있었지만, 교전국의 혈통이라는 이유로 인종적 차별이나 박해는 거의 없었으며, 그들의 생업과 재산도 거의 침해받지 않았던 것이다. 다만 미국 정부는 반미 활동이나 간첩 행위가 노골적으로 드러난 소수의 독일인이나 파시스트들만을 처벌했을 뿐이었다. 그러나 일본인들에 대해서는 달랐다.

진주만 공격 당시 미국 내 일본인들은 대략 12만 7천 명 정도였다. 이들 가운데 상당수가 하와이나 샌프란시스코 또는 L.A.에 모여 살고 있었다. 이들 중 1/3은 귀화하지 않은 이민 1세대였고, 2/3는 귀화했거나 미국 태생의 이민 2세였다. 중국인들과 마찬가지로 일본인들은 피부색·언어·음식·의복 등에서 항상 눈에 띄는 존재였으며, 이것이 토착 미국인들의 반감과 배척을 더욱 불러일으킨 요인이 되었다.

1941년 일본의 진주만 기습 이후, 미국 정부는 대중 매체를 이용한 대대적인 선전을 통해 일본인들은 부정직하고 사악하며, 열등한 민족이라는 이미지를 만들어냈다. 이에 서부 지역에서 끊임없이 일고 있던 반일본 감정은 마침내 분노와 증오로 폭발하기 시작하였다. 이런 상황에서 미국 내 일본인들은 그들 선조의 고향을 위해 음모를 꾸미고 있다는 의심을 받는 것은 어쩌면 당연한 일이었다. 소위 '위험스런 존재'로 간주되었던 미국계 일본인들을 제거하라는 대중의 압력이 점차 증폭되었다.

결국 1942년 2월 루스벨트(Franklin D. Roosevelt) 대통령은 포고령 9066을 발동하였다. 이것은 특정 군사지역에 살고 있는 민간인들을 격리시키는 것이었는데, 단지 태평양 연안 7개 주의 일본인들에게만 적용되었다. 일본인들은 1세, 2세 가릴 것 없이 캘리포니아 내륙, 민가에서 멀리 떨어진 황야나 사막지대의 '재정착 수용소'에 강제로 격리되었다. 높은 철조망에 둘러싸인 수용소 주변은 무장 군인들이 탈출을 막기 위하여 밤낮을 지켰다. 이런 수용소가 캘리포니아와 네바다 등 서부지역에 열 군데나 지어졌으며, 강제로 억류된 일본인들은 10만 명이 넘었다.

누구든지 미국에서 태어나면 법적으로 시민권의 자격을 갖게 되며, 시민으로서 국가의 보호를 받을 권리가 있다. 그러나 미국 태생의 시민이지만 일본의 혈통(단, 백인의 피가 섞인 가정은 제외됨)을 이어 받았다는 이유만으로 아무런 법적 보호나 절차도 없이 적성 국민이란 꼬리표가 붙어 강제로 억류되었던 것이다. 이와는 대조적으로 진주만 공격의 본거지인 하와이에 살고 있던 일본인들은 거의 박해를 받지 않았다. 아마도 일본인들이 수적으로 많았고, 또한 하와이 경제를 좌우할 만큼 영향력이 있었기 때문이었을 것이다.

일본인 강제 수용을 위한 등록.

　영어에 능통한 일본인 2세 젊은이들은 미국에 대한 충성과
애국심을 증명하기 위하여 미군에 자원 입대하기도 하였으며,
이들은 최전선에 배치되어 전투에 참가하였다. 이것은 아버지
의 나라와 싸우는 것을 의미하는 것이었다. "미군에 지원해
애국심을 보여 달라"는 정부 관리들의 강요에 못이겨 입대한
젊은이들은 '4-C' 신분으로 분류되었다. 4-C는 적성국 외국인
이라는 뜻으로 이들은 주로 최전선의 총알받이로 동원되었다.
　수용소의 생활은 혹독하지는 않았지만, 상당한 어려움을 참
아야 했다. 시설은 조악하고 불편하였다. 간이침대, 담요 몇
장, 간단한 식기구 그리고 천장에 달린 전구 하나가 그들에게

지급된 물품의 전부였다. 기름종이를 둘러 비바람을 막은 막사에선 한 방에 여러 가족이 서로 등을 비비며 지내야 했다. 하수도나 화장실 시설도 제대로 갖추어지지 않았다. 음식 또한 수준 이하였다. 최소한의 의료 진료만이 제공되었다. 사실상 수용소의 시설은 감옥과 거의 차이가 없었다.

대부분의 일본계 이민자들은 미국을 새로운 조국으로 충성하고, 경제적 자립을 위하여 밑바닥 일을 하며 열심히 살았다. 그러나 어느 날 갑자기 이국땅에서 땀 흘려 쌓았던 모든 재산과 지위를 빼앗기고, 범죄자처럼 체포되어 수용소로 보내졌던 것이다. 더 중요한 것은 공포와 고통의 고립 상태에서 취업도 못하고, 자녀를 교육시키지 못하면서 3년간 감금을 당하였다는 사실이다. 유대인 130만 명의 목숨을 앗아간 폴란드의 아우슈비츠 강제 수용소와는 비교가 안 된다고 하지만, 특정한 민족만을 지목하여 죽음과도 같은 공포 속으로 몰아넣은 사실 그 자체는 나치의 잔혹 행위와 크게 다를 바 없었다.

"자유가 아니면 죽음을 달라"며 영국의 폭정에 항거하였던 미국에서 이토록 잔인한 인종차별적인 행위가 어떻게 합법적으로 자행될 수 있었단 말인가? 그들 선조들이 목숨을 걸고 싸웠던 가치가 바로 자유와 평등이라는 기본적인 인권이 아니었던가? 이런 인권 유린은 민주주의 국가이며, 법 앞에 만인은 평등하다는 미국의 법치주의에 정면 배치되는 행위였다. 제2차세계대전 중 일본인 격리 수용은 1882년 중국인 배제법과 함께 소수민족에게 자행된 핍박 중에서 가장 대표적인 것으로 미국인들의 동양인에 대한 편견과 차별이 얼마나 심했는지를 단적으로 보여 주는 사건이었다.

스킨헤드와 헤이트 크라임

오늘날 미국에서 인종적 차별과 편견이 여전히 사라지지 않고 있다. 소수민족, 특히 동양계 이민자들에게 "Go Back to Your Country!"를 외치고 돌을 던지거나 시비를 거는 헤이트 크라임(hate crimes)이 도처에서 빈번히 발생하고 있다. 아무런 일면식(一面識)이나 개인적 감정도 없으면서 단지 외국인이라는 이유만으로 미워하고 증오하는 극우 백인 보수주의자들의 차별적 행위에서 1920년대 극성을 부렸던 KKK단이 다시 부활한 느낌을 지울 수 없다.

대표적인 예가 '스킨헤드(skinheads)'이다. 이것은 1980년대 말 영국에서 유입된 반유색인, 백인 우월주의 세력으로 극우파 운동의 중심이 되었다. '스킨헤드'는 빡빡 깎은 머리, 팔 문신, 신나치 표식, 강철로 치장된 장화로 상징되는 독특한 모습의 비밀결사단체이다. 이들은 대부분 가난한 노동 계급의 백인 청년들로 구성되어 있으며, 교육을 제대로 받지 못하고 일자리도 얻지 못한 경우가 많아 자연히 반사회적이며 폭력적이다. 그들은 소속 집단에 충성하고 조직의 지시나 규율에 따라 행동하는 강한 공동체적 유대감을 형성하고 있다.

이들은 극도의 인종차별주의자로 미국에서 유색 인종은 모두 쓸어버려야 한다는 신념을 갖고 있다. 미국 고등학교에서 자주 일어나는 총기 난동 사건도 그 배후엔 스킨헤드와 같은 조직이 버티고 있다. 이들에 의해 특정 개인에 대한 원한은 없지만 무작위로 희생자를 고르는 소위 '랜덤 초이스(random choice)'에 의해 범죄나 살인이 심심찮게 저질러지고 있다. 길거리를 걷다가도 비위에 거슬리는 유색 인종을 만나면 '랜덤'으로 살인을 저지르고, 마치 전공이나 세운 듯 자랑을 한다는 것이다.

헤이트 크라임이나 랜덤 초이스에 의한 범죄는 언제나 경제 상황과 정반대로 움직인다. 경제가 좋아지면 범죄가 줄어들지만, 경제가 나빠 살기 어렵게 되면 유색 인종에 대한 차별과 범죄 행위가 더욱 기승을 부린다. 때를 같이 하여 미국 정부는 각종 이민자 배척법안을 채택한다. 미국의 경기 후퇴가 마치 이민자들의 탓인 양 반이민 분위기를 조성하는 것이다.

여성의 사회적 불평등과 여권 운동

혹인이나 소수민족들이 차별과 냉대를 받은 것처럼, 여성들 또한 남성들과 동등한 자유와 권리를 행사하지 못하였다. 바르솔디는 1871년 보불전쟁으로 프러시아가 프랑스를 점령하였던 시기에 인고의 삶을 살았던 그의 어머니 샤로테(Charlotte Beysser)의 모습을 본떠 동상의 얼굴을 조각하였다. 횃불을 들고 있는 여신의 팔은 그의 부인의 아름다운 팔을 모델로 하였다고 전해진다. 이것은 여성의 강인함과 감성을 통하여 자유의 순결함과 보편성을 표현하기 위한 것이었다. 그러나 당시 미국과 프랑스에서 여성들은 투표를 통해 참정권을 행사할 수 없었으며, 사회·경제적으로도 차별적인 대우를 받고 있었다.

여신상의 제막식에는 600여 명의 인사들이 공식적으로 초청을 받았으나, 초청된 인사들은 남성 일색이었다. 여성은 조각가 바르솔디의 부인과 연설자로 예정된 프랑스 정치인의 아내 단지 2명뿐이었다. 더욱이 이들 두 사람 모두 프랑스인으로 미국인 여성은 단 한 명도 초청을 받지 못하였다. 제막식에 몰려드는 엄청난 인파로부터 여성을 보호해야 한다는 것이 그 이유였다. 이것은 분명 여성이 남성에 의해 보호되어야 한다는 가부장적 태도로서 은연중 남성 우월주의를 보여 주는 것이었다.

남성들은 여성들을 무시하고 의도적으로 제외시켜 눈에 보이지 않을 만큼 하찮은 존재로 만들었다. 과거 흑인들이 백인 지주들의 자유와 평등을 위한 수단이 되었던 것처럼, 수세기 동안 남성들은 그들의 사회적 지위와 권익을 유지하기 위하여 여성을 '유희적인 목적물'로 만들어 놓았다.[50] 제막식이 진행되는 동안 뉴욕 여성유권자연맹 회원들은 보트를 임대하여 여신상 주변의 해변을 순회하며 시위를 벌였다. 여성 참정권자들은 여성들에게 행해졌던 차별과 불평등에 대하여 항변하고, 여성의 투표권 인정과 남성과 동등한 사회·경제적 대우를 강력히 요구하였다.

시인이며 여성 참정권자인 밀러(Alice Duer Miller)는 1917년 발간된 그녀의 시「참정권자와 여신상 간의 비공식적인 인터뷰」에서 오직 남성들만이 자유롭고 평등한 미국에서 여신상은 한낱 환상에 불과하다는 것을 지적하였다. 밀러의 시는 두

부분으로 나누어져, 여성 참정권자와 자유의 여신상이 상대를
향해 서로 주고받는 독설적인 이야기체로 구성되어 있다.

<여성 참정권자들>
법 앞에 평등을 약속하고 개인의 권리를 주장하며,
영광의 빛에 싸여 우리의 항구에 서 있는 여인아
말을 해다오.
너의 딸들이 이토록 푸대접 받는 이유를……

건방지거나 무례하다고 생각지 말아다오.
눈을 가린 정의의 여신아,
그대는 오직 인류의 절반만을 기쁘게 하는
바람둥이 여자.

<자유의 여신상>
나의 딸들아 속지 마라.
나는 만민에게 자유를 선사하는 그런 여신이 아니란다.
한번 성취하면 남이 그것을 추구하는 것을 죄악시하며,
일단 획득하면 도망갈까봐 날개를 자르고,
자신에게는 유익하지만 남에게는 해가 된다고 여기는 것,
바로 이것이 내가 말하는 '자유'의 의미란다.

그래서 내가 어떤 항거나
희생자들의 간청을 들어주지 못하도록

나를 이렇게 동으로 만들어 속이 텅 빈 채로 고정시키고,
횃불을 (다른 사람에게) 전달하지 못하도록
나의 손을 단단하게 용접해 놓았지.
나는 하나의 이정표일 뿐
(자유와 평등을 위한) 영감이 아니란다.
나의 영혼이 이 땅에서 희미하게나마 깜박인다면,
그것은 바로 너희들의 정신이란다,
나의 반항의 딸들이여.51)

이 시에서 밀러는 여신상이 자유와 평등의 가치를 상징하는 것이 아니라, '속이 텅 빈' 이정표에 불과함을 지적하고, 여신상에 대한 환멸과 자유의 허구성을 신랄하게 비판하고 있다. 여기서 여신상은 '눈을 가린 정의의 여신', 오직 인류의 절반인 남성만을 기쁘게 하는 '바람둥이 여자'로 풍자되고 있다. 그래서 자유란 남성들만의 권리와 이익을 추구하는 것이며, 그것은 여성에 대한 억압과 불평등을 통해 이루어진 것임을 밝히고 있다.

여권 신장을 위한 투쟁

여신상 제막식이 있은 지 30여 년 후, 그리고 밀러의 시가 발표된 지 3년이 지나서야 참정권 운동은 결실을 보게 되었다. 많은 여성 단체들의 집회와 시위 그리고 정부에 대한 조직적

투표권 쟁취를 위해 행진하는 한 여성 참정권자의 모습.

인 압력이 이를 가능하게 하였던 것이다. 마침내 1920년 여권 단체들이 그동안 줄기차게 주장하였던 참정권이 법적으로 보장되었다. 이것은 시민의 투표권은 성별을 이유로 미국의 어느 주에서도 거부되거나 제한되지 않는다고 명시한 수정헌법 19조가 채택된 결과였다. 여성들의 우상이었던 보통 선거권은 확보되었지만, 여성에게 완전한 평등이 주어지기까지는 40년이라는 기간을 더 기다려야 했다.

그동안 여성(특히 기혼 여성)들은 가사를 돌보고 아이를 키우며 남편을 내조하는 일에 얽매여 일생을 보내야 했다. 남부의 교육자였던 듀(Thomas R. Dew)는 '우아함과 정숙, 검소와

사랑스러움'이 여성의 미덕이며, 순결하고 수동적인 태도가 여성스러움을 더해 준다고 하였다.[52] 여권 운동가들은 여성에 대한 이러한 시각과 평가가 여성을 사회적으로 더욱 제약하고 의무만을 강요하게 만든다고 보고, 이에 강력하게 대응하였다. 여성도 하나의 주체적인 인간으로서 자아를 실현하고 남성과 동등한 사회적 지위를 누려야 한다는 것이다.

1960년대에 이르러 여권운동(페미니즘)은 절정에 이르러 여성은 사회 각 분야에서 남성과 동등한 지위를 확보할 수 있었다. 1963년 케네디 행정부는 '동등 지불법(Equal Pay Act)'을 채택하여, 동일한 일에 대해 남성이 여성보다 더 많은 임금을 받는 관행을 법으로 금지하였다. 1964년 의회에서 채택된 민권 법안은 흑인들에게 부여된 법적인 보호의 많은 부분을 여성에게까지 확대하였다. 1971년 정부는 소수세력 우대정책(affirmative action: 흑인이나 소수민족들을 취업이나 대학 진학 등에서 우대하는 제도)에 여성을 포함시켜, 공식적으로 인정된 사회 문제로서 성차별주의를 인종차별주의와 연결시켰다.

이 시기 여성들은 미국 사회의 주류로 뛰어드는 노력에 급속한 진전을 이루었다. 미국의 주요 교육기관도 여성들에게 문호를 개방하였다. 1969년 프린스턴과 예일 대학을 선두로 대부분의 대학들이 여성에게 입학을 허용하였으며, 이에 따라 여성의 사회 진출도 점차 확대되었다. 1970년대 중반에는 기혼 여성의 거의 절반이 직업을 가지고 있었으며, 학사 학위를 소지한 여성의 90%가 일자리를 갖게 되었다.

또한, 많은 여성들은 결혼할 때 남성의 성을 따르기를 거부하였으며, 여성의 결혼 신분의 부적절성을 표시하기 위해 미시즈(Mrs)나 미스(Miss) 대신 미즈(Ms)란 용어를 사용하기도 하였다. 또한 남성을 상징하는 체어맨(chairman) 대신 중성인 체어퍼슨(chairperson)이란 단어를 사용하기 시작한 것도 이때부터였다.

스포츠나 학술 분야에도 여성의 진출이 활발히 이루어졌다. 여성 테니스 단체가 조직되고, 한 여성은 법적 투쟁을 통해 최초의 여성 경마 기수가 되었다. 여성 예술가들은 여러 미술관 전시회에서 성차별을 공격하는 피켓 시위를 벌였다. 1974년 초에는 2,000개에 이르는 여성 관련 교육과정이 500개 대학에서 개설되었다. 이러한 활동을 통해 여성들은 성적 차별과 사회적 차별에 도전했을 뿐만 아니라, 자신들만의 공동체를 만들기도 하였다. 여성 잡지와 신문들이 전국적으로 등장하였으며, 여성사와 여성운동에 대한 서적이 쏟아져 나왔다. 이와 아울러 여성들에게 실질적인 도움을 줄 수 있는 성폭행이나 학대를 받는 여성을 보호하는 기관, 낙태 시술소 그리고 유아 놀이방 등이 전국적으로 설치되었다.

1970년대 이후 정치 분야에서도 여성의 진출은 괄목할 만한 성과를 거두었다. 여성들은 선출직과 임명직을 놓고 남성들과 대등하게 경쟁하였으며, 1980년대에 이르러 여성들은 민간 단체는 물론, 상하 양원·대법원·연방내각·주지사 등 주요 요직에 자리를 잡게 되었다. 1984년 대통령 선거에서 민주당은 뉴욕 주 출신의 하원이었던 제랄딘 페라로(Geraldine Ferraro)가 역사상 최초로 여성 부통령 후보로 선출되었다. 여성은 또한 과거 남성의 전용 영역이었던 우주 계획에도 참여하였다. 샐리 라이드(Sally Ride)는 1983년 최초의 여성 우주 비행사가 되었다. 이런 일련의 여권 신장을 통해 여성들은 남성과 대등한 지위를 확보할 수 있었으며, 이것은 현대 미국 사회와 미국인의 생활을 근본적으로 변화시킨 요인이 되었다.

역설의 상징, 자유의 여신상

처음에 자유의 여신상은 정치적인 목적으로 구상되고 제작되었다. 이를 통해 미국과 프랑스 두 동맹국 간의 친선을 도모하고 자유와 평등, 그리고 공화주의의 프랑스 혁명 이념을 세계에 전파하려는 의도를 가지고 있었다. 기증 당시만 해도 여신상을 이민과 연결시키려는 어떤 의도도 없었다. 여신상이 이민과 연관되기 시작한 것은 라자러스의 시 「새로운 거인」이 발표된 후였다. 그러나 여신상을 이민 환영의 의미로 뚜렷하게 인식하기 시작한 것은 다름아닌 이민자 자신들이었다.

여신상은 파리에서 제작되어 뉴욕까지 길고도 험한 뱃길을 따라 옮겨져 마침내 안식을 찾게 되었다. 이것은 바로 이민자들의 고난과 좌절, 그리고 새로운 땅에 대한 희망을 연상시키는 것이었다. 여신상이 프랑스의 억압적인 전제정치에서 벗어나 신생 공화국에서 안식을 찾은 것처럼, 이민자들은 모국에서의 가난과 모멸을 벗어 던지고 아메리칸 드림을 꿈꾸며 미국에서 새로운 삶을 기약하였다. 이로써 여신상은 '이민자의 어머니'로 생명력과 활기를 찾게 되었다.

주지하다시피 여신상은 자유와 평등의 이념을 전달하고 있다. 그러나 시대나 사회적인 변화, 그리고 신분이나 계층의 이해 관계에 따라 달리 해석되고, 그 의미가 변화되었다. 헐벗고 억압받는 유대인 이민자들에 대한 동정과 관심을 표현한 라자러스의 시는 여신상을 '망명자의 어머니'로서 이민 환영의 의미로 보았다. 반면, 토착주의 세력과 백인 우월주의자들은 여신상을 비미국적인 가치관을 지닌 '거칠고 잡다한 무리'로부터 미국을 지키는 수호신으로 묘사하였다.

여신상은 억압받던 노예에게 쇠사슬을 풀어 헤친 해방의 상징으로 해석되었다. 또한 그것은 이민자에게는 차별과 편견이 없는 평등한 사회를, 여성에게는 남성과 동등한 참정권을 요구하는 증표로 인식되었다. 그러나 그것은 때때로 흑인들의 인신적인 구속으로 얻어진 백인의 자유를 의미하였고, 유색인종을 열등한 존재로 취급함으로써 앵글로-색슨 민족의 우월주의를 나타내는 교만함으로도 비춰졌다. 또한 인류 절반의 여성들의 희생 위에 얻어진 남성들만의 권리를 옹호하는 것으로 왜곡되고 해석되기도 하였다.

미국의 역사는 언제나 자유와 평등의 정신을 실현하는 방

향으로만 발전해오지 않았다. 때로는 의도적으로 이에 역행하는 조치와 결과를 초래하기도 하였다. 과거 인디언, 흑인, 남동유럽 이민자, 동양인 그리고 여성에 대한 차별과 인신적 구속이 이를 잘 말해주고 있다. 여신상의 신화와 현실 사이의 모순은 항상 존재하였으며, 또한 이를 해결하기 위한 여러 시도가 이루어졌다.

1960년대 민권운동으로 흑백 간 통합이 성취되고, 흑인에게 동등한 정치적 권리가 보장되었다. 여성에게도 남성처럼 참정권이 부여되었고, 과거 소수민족들에게 행해졌던 인종적 차별 행위와 규제 법안들이 폐지되었다. 1965년에는 과거 인종차별적인 국적별 이민제한법이 폐지되고 가족 재결합을 강

여신상의 야경 모습.

조한 온정주의적이며 개방적인 새 이민법이 채택되었다. 그러나 아무리 법적으로 평등한 권리를 보호한다고 하여도 생활 속에서 평등에 대한 성취가 구체적으로 드러나지 않는다면, 진정한 평등이라고 할 수 없다. 현재 미국 사회에서 자주 불거지는 불평등의 사례는 곧 자유의 여신상과 이것이 갖는 자유의 신화적 의미에 대한 항거를 보여 주고 있다.

자유의 여신상은 자유와 평등이라는 신화적 의미와 미국 사회의 억압과 불평등한 현실 사이의 양면성을 보여 주는 동시에 어떤 신분이나 집단, 크게는 미국인 전체의 공통된 감정이나 주장을 전달하는 상징물로써 인용되고 있다. 이런 의미에서 여신상은 미국인들에게 무엇이 올바른가 하는 것을 보여 주기보다는, 무엇이 잘못되었는지를 나타내주는 고통스런 역설의 상징이 되고 있는 것이다.

주

1) http://www.americanparknetwork.com/parkinfo/liberty.html.

2) Christian Blanchet, *Statue of Liberty: The First Hundred Years* (New York: American Heritage, 1986), p.51.

3) http://www.fairus.org/html/04195102.htm.

4) http://www.americanparknetwork.com/parkinfo/liberty.html.

5) Blanchet, *Statue of Liberty: The First Hundred Years*, p.62.

6) Marvin Trachtenberg, *The Statue of Liberty* (New York: The Viking Press, 1976), p.135.

7) http://books.chosun.com/site/data/html_dir.

8) Trachtenberg, *The Statue of Liberty*, pp.183-184.

9) Leslie Allen, *Liberty: The Statue and the American Dream* (New York: Statue of Liberty-Ellis Island Foundation, 1985), pp.19-21.

10) Christian Blanchet, 「The Universal Appeal of the Statue of Liberty」, in Wilton S. Dillion and Neil G. Kotler, eds., *The Statue of Liberty Revisited* (Washington D.C.: Smithonian Institute Press, 1994), p.27.

11) Wilton S. Dillon, 「The Ultimate Gift」, in Dillon and Kotler, *The Statue of Liberty Revisited*, p.149.

12) 이들은 타락의 도시 바빌론을 뉴욕으로, 여신상을 바벨탑으로, 여신을 방탕한 '바빌론의 딸'로 연관시켜 성서를 해석하기도 하였다. http://www.hope-of-israel.org/paganlib.htm.

13) Hertha Pauli and E. B. Ashton, *I Lift My Lamp: The Way of a Symbol* (Port Washington, N.Y.: Ira J. Friedman, 1969), p.221.

14) *New York Times* (October 29, 1886).

15) *New York World* (October 29, 1886).

16) http://www.americanparknetwork.com/parkinfo/liberty.html.

17) John Higham, *Send These to Me: Jews and Other Immigrants in Urban America* (Baltimore: Johns Hopkins University Press, 1984), pp.74-75.

18) 클리블랜드는 여신상이 무엇을 수호하는지를 명확히 밝히지 않았으나, 후에 토착주의 세력들은 이것을 이질적인 이민자

들이나 비미국적인 문화로부터 미국을 보호하는 감시인으로
그 의미를 해석하기도 하였다.

19) *New York Times* (October 29, 1886).

20) Anders Briedlid, *et al., American Culture: An Anthology of Civilization Texts* (New York: Routledge, 1996), p.36.

21) Pauli and Ashton, *I Lift My Lamp*, p.227.

22) 1903년 「새로운 거인」의 마지막 5행만이 기록되었으나, 1945년에는 14행시 전체가 실린 동판이 여신상 좌대의 출입구 중앙에 설치되었다.

23) John Higham, *Send These to Me*, pp.77-78.

24) Jose Marti, *Marti on the U.S.A.* (Carbondale: Southern Illinois University Press, 1966), p.113.

25) http://www.americanparknetwork.com/parkinfo/journey.html.

26) John Higham, *Send These to Me*, p.77.

27) Seymour Drescher, 「Liberty and Liberalism in Nineteenth Century France and America」, in Dillon and Kotler, *The Statue of Liberty Revisited*, pp.13-14.

28) *New York Post* (June 17, 1986). 이 신문은 흑인 여성의 얼굴을 한 여신상의 사진을 싣고, 발에 채워진 쇠사슬의 의미에 대하여 설명하였다.

29) http://www.blackhistorymagazine.net/statueofliberty.html.

30) Pauli and Ashton, *I Lift My Lamp*, pp.33-48.

31) 박영배, 『미국, 야만과 문명의 두 얼굴』(서울: 도서출판 이채, 1999), p.138.

32) Richard N. Current, ed., *Reconstruction, 1865~1877* (Englewood Cliffs, N.J.: Prentice Hall, 1965), pp.173-174.

33) Howard Zinn, 조선혜 역,『미국 민중 저항사 II』(서울: 일월서각, 1986), p.187.

34) Anders Briedlid, *et al., American Culture: An Anthology of Civilization Texts*, p.87.

35) 듀보이스는 하버드 대학에서 최초로 박사학위를 취득한 흑인이었다.『1903년 흑인의 영혼, *The Souls of Black Folk*』이란 저서에서 '재능 있는 10분의 1'이라고 부른 흑인들, 즉 가장 지성적이며 많은 교육을 받은 흑인 엘리트를 양산함으로써

흑인 전체의 권리를 확보할 수 있다고 주장하였다. 그는 계몽적인 시민의 정치 참여와 조직적인 기반을 통해 점진적인 방법으로 흑인의 문제를 해결하려고 하였다.

36) John C. Fitzpatrick ed., *The Writings of George Washington*, vol.27 (Washington D.C.: Government Printing Office, 1938), pp.253-254.

37) Ann Novotny, *Stranger at the Door* (Toronto: Bantam Pathfinders Edition, 1974), p.133.

38) 이와 관련하여 사회학자이며 혁신주의 시대 완고한 인종차별주의자인 로스(E. A. Ross)는 "이태리인들의 이민과 함께 미국에서는 범죄가 크게 증가하였고, 반면 이태리에서의 범죄는 크게 줄어들었다"라고 언급하기도 하였다. Leonard Dinnerstein and David M. Reimers, *Ethnic Americans: A History of Immigration and Assimilation* (New York: Harper and Row, Publishers, 1975), pp.40-41.

39) Cornelia James Cannon, 「Selected Citizens」, *North American Review*, vol.218 (September 1923), p.333.

40) 홍해와 카스피해 북방 지역에 살던 유목 민족.

41) Thomas Bailey Aldrich, *The Poems of Thomas Bailey Aldrich* (Boston: Houghton, Mifflin, 1907), pp.275-276.

42) Ferris Greenslet, 「Indian Summer」, *Thomas Bailey Aldrich* (New York: Houghton Mifflin, 1908), p.168.

43) 피스크(John Fiske), 쉘러(Nathaniel Shaler) 그리고 로지(Henry Cabot Lodge) 상원의원 등에 의해 결성된 이 단체는 1924년 국적별 이민제한법이 채택될 때까지 30년 동안 이민규제 활동에 적극 참여하였다.

44) John Higham, *Strangers in the Land: Patterns of American Nativism, 1860~1925* (New Brunswick: Rutgers University Press, 1955), pp.286-298.

45) Rudolph J. Vecoli, 「The Lady and the Huddled Masses」, in Dillon and kotler, *The Statue of LIberty Revisted*, p.55.

46) Thomas Sowell, ed., *Essay and Data on American Ethnic Groups* (Washington, D.C.: Urban Institute Press, 1978), pp.203-238.

47) Stuart C. Miller, *The Unwelcome Immigrant: The American Image of the Chinese* (Berkeley: University of California Press, 1969), p.4.

48) 계약 노동은 특정 산업 분야에서 계절적으로 일정기간 계약을 통해 인력을 충당하는 제도이다. 그 대표적인 예가 '쿨리(coolie)'이며, 이것은 19세기 말 성행하였던 준노예 상태의 중국인 이민을 총칭한다.

49) Saum Song Bo, 「A Chinese View of the Statue of Liberty」, *American Missionary* 39:10 (October 1885).

50) Barbara A. Bobcock, 「Taking Liberties, Writing from the Margins and Doing It with a Difference」, *Journal of American Folklore*, 100 (1987), pp.391-411.

51) Alice Duer Miller, *Women Are People!* (New York: George H. Doran, 1917), p.87.

52) Anders Briedlid, *et. al., American Culture: An Anthology of Civilization Texts*, p.98.

마이너리티 역사 혹은 자유의 여신상

펴낸날	**초판 1쇄 2003년 6월 30일** **초판 5쇄 2015년 10월 30일**

지은이	**손영호**
펴낸이	**심만수**
펴낸곳	**(주)살림출판사**
출판등록	**1989년 11월 1일 제9-210호**

주소	**경기도 파주시 광인사길 30**
전화	**031-955-1350 팩스 031-624-1356**
기획·편집	**031-955-4671**
홈페이지	**http://www.sallimbooks.com**
이메일	**book@sallimbooks.com**

ISBN	**978-89-522-0099-0 04080**

089 커피 이야기   eBook

김성윤(조선일보 기자)

커피는 일상을 영위하는 데 꼭 필요한 현대인의 생필품이 되어 버렸다. 중독성 있는 향, 마실수록 감미로운 쓴맛, 각성효과, 마음의 평화까지 제공하는 커피. 이 책에서 저자는 커피의 발견에 얽힌 이야기를 통해 그 기원을 설명한다. 커피의 문화사뿐만 아니라 커피에 대한 일반적인 정보 및 오해에 대해서도 쉽고 재미있게 소개한다.

021 색채의 상징, 색채의 심리

박영수(테마역사문화연구원 원장)

색채의 상징을 과학적으로 설명한 책. 색채의 이면에 숨어 있는 과학적 원리를 깨우쳐 주고 색채가 인간의 심리에 어떤 작용을 하는지를 여러 가지 분야의 사례를 통해 설명한다. 저자는 색에는 나름대로의 독특한 상징이 숨어 있으며, 성격에 따라 선호하는 색채도 다르다고 말한다.

001 미국의 좌파와 우파   eBook

이주영(건국대 사학과 명예교수)

진보와 보수 세력의 변천사를 통해 미국의 정치와 사회 그리고 문화가 어떻게 형성되고 변해왔는지를 추적한 책. 건국 초기의 자유방임주의가 경제위기의 상황에서 진보–좌파 세력의 득세로 이어진 과정, 민주당과 공화당의 대립과 갈등, '제2의 미국혁명'으로 일컬어지는 극우파의 성장 배경 등이 자연스럽게 서술된다.

002 미국의 정체성 10가지 코드로 미국을 말하다   eBook

김형인(한국외대 연구교수)

개인주의, 자유의 예찬, 평등주의, 법치주의, 다문화주의, 청교도 정신, 개척 정신, 실용주의, 과학·기술에 대한 신뢰, 미래지향성과 직설적 표현 등 10가지 코드를 통해 미국인의 정체성과 신념을 추적한 책. 미국인의 가치관과 정신이 어떠한 과정을 통해서 형성되고 변천되어 왔는지를 보여 준다.

058 중국의 문화코드

강진석(한국외대 연구교수)

중국의 핵심적인 문화코드를 통해 중국인의 과거와 현재, 문명의 형성 배경과 다양한 문화 양상을 조명한 책. 이 책은 중국인의 대표적인 기질이 어떠한 역사적 맥락에서 형성되었는지 주목한다. 또한, 구체적이고 실제적인 여러 사물과 사례를 중심으로 중국인의 사유방식에 대해 설명해 주고 있다.

057 중국의 정체성   eBook

강준영(한국외대 중국어과 교수)

중국, 중국인을 우리는 과연 어떻게 이해해야 하나? 우리 겨레의 역사와 직·간접적으로 끊임없이 영향을 주고받은 중국, 그러면서도 아직까지 그들의 속내를 자신 있게 말할 수 없는, 한편으로는 신비스럽고, 한편으로는 종잡을 수 없는 중국인에 대한 정체성을 명쾌하게 정리한 책.

015 오리엔탈리즘의 역사   eBook

정진농(부산대 영문과 교수)

동양인에 대한 서양인의 오만한 사고와 의식에 준엄한 항의를 했던 에드워드 사이드의 오리엔탈리즘. 이 책은 에드워드 사이드의 이론 해설에 머무르지 않고 진정한 오리엔탈리즘의 출발점과 그 과정, 그리고 현재와 미래의 조망까지 아우른다. 또한 오리엔탈리즘이 사이드가 발굴해 낸 새로운 개념이 결코 아님을 역설한다.

186 일본의 정체성   eBook

김필동(세명대 일어일문학과 교수)

일본인의 의식세계와 오늘의 일본을 만든 정신과 문화 등을 소개한 책. 일본인을 지배하는 이데올로기는 무엇이고 어떤 특징을 가지는지, 일본을 주목해야 하는 이유는 무엇인지 등이 서술된다. 일본인 행동양식의 특징과 토착적인 사상, 일본사회의 문화적 전통의 실체에 대한 분석을 통해 일본의 정체성을 체계적으로 살펴보고 있다.

261 노블레스 오블리주 세상을 비추는 기부의 역사

예종석(한양대 경영학과 교수)

프랑스어로 '높은 사회적 신분에 상응하는 도덕적 의무'를 뜻하는 노블레스 오블리주. 고대 그리스부터 현대까지 이어지고 있는 노블레스 오블리주의 역사 및 미국과 우리나라의 기부 문화를 살펴보고, 새로운 시대정신으로 노블레스 오블리주를 부활시킬 수 있는 가능성을 모색해 본다.

396 치명적인 금융위기, 왜 유독 대한민국인가 `eBook`

오형규(한국경제신문 논설위원)

이 책은 전 세계적인 금융 리스크의 증가 현상을 살펴보는 동시에 유달리 위기에 취약한 대한민국 경제의 문제를 진단한다. 금융안정망 구축 방안과 같은 실용적인 경제정책에서부터 개개인이 기억해야 할 대비법까지 제시해 주는 이 책을 통해 현대사회의 뉴노멀이 되어 버린 금융위기에서 살아남는 방법을 확인해 보자.

400 불안사회 대한민국, 복지가 해답인가 `eBook`

신광영 (중앙대 사회학과 교수)

대한민국 사회의 미래를 위해서 복지는 선택이 아니라 필수라고 말하는 책. 이를 위해 경제 위기, 사회해체, 저출산 고령화, 공동체 붕괴 등 불안사회 대한민국이 안고 있는 수많은 리스크를 진단한다. 저자는 사회적 위험에 대응하기 위한 복지 제도야말로 국민 모두의 삶의 질을 높일 수 있는 길이라는 것을 역설한다.

380 기후변화 이야기 `eBook`

이유진(녹색연합 기후에너지 정책위원)

이 책은 기후변화라는 위기의 시대를 살면서 우리가 알아야 할 기본지식을 소개한다. 저자는 기후변화와 관련된 핵심 쟁점들을 모두 정리하는 동시에 우리가 행동해야 할 실천적인 대안을 제시한다. 이를 통해 독자들은 기후변화 시대를 사는 우리가 무엇을 해야 할 것인지에 대하여 생각해 볼 수 있을 것이다.

사회·문화

eBook 표시가 되어있는 도서는 전자책으로 구매가 가능합니다.

(주)살림출판사
www.sallimbooks.com
주소 경기도 파주시 문발동 522-1 | 전화 031-955-1350 | 팩스 031-955-1355